$$E = 0$$

$$\times E = -\frac{1}{e}\frac{\partial H}{\partial t}$$

$$\nabla \cdot H = 0$$

$$\nabla \times H = \frac{1}{e}\frac{\partial E}{\partial t}$$

$$\frac{\partial}{\partial t}\Psi = \underline{H}\Psi;$$

$$+ \sum_{i=1}^{n} \frac{q_i}{2} H_i{}^M + C_s$$

$$+ \frac{Q(p-D)}{2p} H^M + F_0 N +$$

$$+ F_0 N + \sum_{i=1}^{n} D_i w_i d_i (1$$

$$F_x$$

$$+ \frac{q_i H_i{}^v}{2}\left(m_i\left(1 - \frac{D_i}{P_i}\right) - 1 + 2\frac{D_i}{P_i}\right)\Big]$$

$$= \begin{bmatrix} \gamma & -\mathcal{L} \\ -\beta & Q \end{bmatrix}\begin{bmatrix} \Delta p(s,\phi) \\ \Delta M(s,\phi) \end{bmatrix}$$

$$x)^2 dx = \frac{\pi}{2}\left\{\frac{\pi^2}{12} + (\log 2)^2\right\}$$

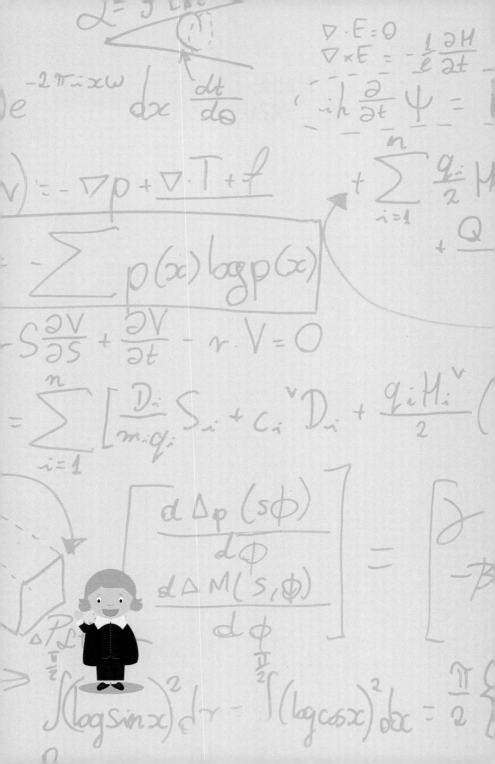

경제학이 그렇게
어려운가요?

WIRTSCHAFT FÜR KIDS

by Alexander Hagelüken

경제학이 그렇게 어려운가요?

용돈에서 기후위기까지, 나와 너의 경제력을 키우는 첫 번째 수업

초판 1쇄 발행 2025년 4월 30일

지은이	알렉산더 하겔뤼켄
옮긴이	이기숙
펴낸이	이영선
책임편집	이민재
편집	이일규 김선정 김문정 김종훈 이민재 이현정
디자인	김회량 위수연
독자본부	김일신 손미경 정혜영 김연수 김민수 박정래 김인환

펴낸곳 서해문집 | 출판등록 1989년 3월 16일(제406-2005-000047호)

주소 경기도 파주시 광인사길 217(파주출판도시)

전화 (031)955-7470 | 팩스 (031)955-7469

홈페이지 www.booksea.co.kr | 이메일 shmj21@hanmail.net

ISBN 979-11-94413-24-0 43320

용돈에서 기후위기까지,
나와 너의 경제력을 키우는 첫번째 수업

경제학이 그렇게
어려운가요?

알렉산더 하겔뤼켄 지음

이기숙 옮김

서해문집

유리, 요나, 야샤 그리고 야니스 하겔뤼켄에게

차례

3장 **시장:** 기업과 소비자가 만나는 곳

4장 **최고의 경제 시스템은 무엇일까요?**

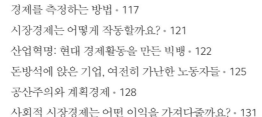

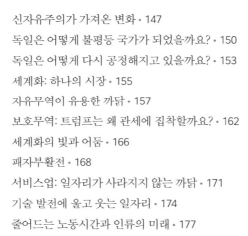

우리 모두가
경제예요

경제, 끝없이 이어지는 원주율처럼 머리 아픈 용어입니다. 재미라고는 없는 복잡한 문제죠. 그러나 눈을 감는다고 경제가 사라지는 건 아니에요. 경제는 어디에나 있고, 크든 작든 우리 삶에 끊임없이 관여하죠.

여러분은 부모님과 용돈을 놓고 협상해본 경험이 있을 거예요. 장래희망을 탐색하기 시작한 친구도 있을 테고요. 세상사에 관심이 많다면 기후변화를 해결할 방법을 궁리할 수도 있겠죠. 그렇다면 여러분은 이미 경제의 세계로 들어온 겁니다. 돈과 직업, 지구환경은 우리 삶의 일부인 동시에 그 하나하나가 크고 작은 경제를 구성하기 때문이죠. 따라서 우리는 이 책에서 적정한 용돈 액수는 얼마인지, 원하는 직업을 갖기 위해 할 수 있는 일은 무엇인지, 기후변화에 따른 지구의 황폐화를 막으려면 우리 일상을 어떻게 바꿔야 하는지 등을 이야기해볼 거예요. 모두 경제와 연결되어 있기 때문입니다.

다시 말해, 우리 모두가 경제예요. 누군가는 경제 덕분에 이익을 보고 누군가는 경제 때문에 고통을 당해요. 그렇다면 우리는 경제 상황에 따라 울고 웃기만 하는 존재일까요? 아네요. 우리는 저마다 소비자이자 생산자(직업인)로서 경제를 움직입니다. 무엇보다 시민으로서 정치적 목소리를 통해 경제를 바꿀 수 있어요. 경제가 작동하는 방식을 알아야 하는 까닭이죠. 물론 경제 지식은 물건을 저렴하게 구입하고 내 통장의 돈을 불릴 때도 쓸모가 있어요. 친구와 선생님, 부모님과 경제 문제를 이야기하고 토론할 때도 유용하죠.

제 소개를 잠깐 할게요. 저는 독일 사람이고, 경제학을 공부한 저널리스트입니다. 어려서부터 경제문제에 관심을 가졌지만 공부는 정말 힘들었어요. 특히 골치 아픈 수학 때문에 전공을 거의 포기할 뻔했죠. 저는 여섯 살부터 스물세 살 사이의 아이들 넷과 함께 살고 있어요. 가족들은 제게 무엇이든지 물어봐요. 하지만 때때로 제가 틀렸다는 깨달음을 주기도 한답니다. 저와 여러분과의 대화에서도 이런 기쁨을 나눌 수 있으면 좋겠습니다.

여러분이 살고 있는 한반도는 휴전선을 중심으로 남북으로 나뉘어 있죠? 제가 어릴 때의 독일도 '철의 장막'이라 불린 군사경계선을 기준으로 동서로 갈라져 있었답니다. 각각 공산주의 체제인 동독, 자본주의 체제인 서독으로요. 공산주의와 자본주의란 말이 좀 어려울 텐데, 우선은 경제를 운영하는 시스템이 다르다고만 해둘게요. 그런데 제가 대학에 다니던 1989년에 철의 장막이 무너집니다. 서로 다른 체제를 가진 두 나라가 함께하게 된 거죠. 학교에서 통일된 독일이 선택할 수 있는 최고의 경제 시스템을 놓고 몇 달간 토론했던 추억이 있어요.

졸업 후엔 독일의 일간지 《쥐트도이체 차이퉁》에 입사했습니다. 베를린과 벨기에 브뤼셀을 비롯한 세계 여러 도시에서 특파원으로 일했죠. 많은 글을 썼고, 다양한 사람들을 만나 인터뷰했어요. 독일 총리와 경제학자, 마이크로소프트의 빌 게이츠 같은 기업인, 그리고 각종 경제 범죄자들까지. 이런 경험을 통해 저는 경제에 대해, 우리가 사는 세상에 대해 배울 수 있었어요. 이 책은 그 배움의 결과를 나누는 과정이기도 합니다.

한국과 독일은 닮은 점이 많아요. 전쟁으로 국토가 황폐화됐고, 분단의 고통을 겪었거나 겪고 있죠. 그럼에도 눈부신 경제성장으로 전 세계에서 손꼽히는 선진국으로 자리 잡았어요. 불평등과

저출생, 고령화라는 과제를 안고 있다는 점도 비슷하죠. 이 책에서 수시로 등장할 두 나라의 이야기를 통해 경제를 바라보는 저와 여러분의 안목이 함께 성장하길 바랍니다(이해를 돕기 위해 두 나라의 유사한 제도와 문화는 가급적 한국의 것을 따르고, 각국의 화폐가치는 이 책이 한국에 처음 발행된 2025년에 맞춰서 환산했습니다).

또한 이 책에는 역사의 위인들, 그리고 제가 인터뷰한 현실 속 인물들 말고도 가상의 독일 친구들이 등장합니다. 중고등학교에 다니는 메메트와 제니, 학교 졸업 후 직업 훈련을 받으며 기업에서 일하는 레온, 대학에서 공부하는 엠마가 그들이에요. 여러분 또래거나 몇 살 더 많은 친구들이죠. 이들이 겪는 에피소드를 통해 경제학에 더 쉽게 다가갈 수 있을 거예요.

사람들이 원하고, 삶에 필요한 것들의 대부분은 경제 문제입니다. 옷, 음식, 집, 아르바이트, 취직, 학자금, 월급, 연금, 신용카드, 주식, 스마트폰, 자동차, 여행… 이것들의 가격은 어떻게 매겨질까요? 어떻게 하면 이것들을 손쉽게 얻을 수 있을까요? 어떤 직업을 가지면 돈을 잘 벌 수 있을까요? 기업의 목표는 이윤을 많이 남기는 거예요. 그렇다면 이윤을 위해 무슨 짓을 해도 괜찮을까요? 왜 어떤 나라는 잘살고 어떤 나라는 가난할까요? 이것 말고도 세상엔 불공평한 일이 너무 많은데, 바로잡을 방법은 없을까요? 경제 위기와 기후변화는 왜 일어나며 어떻게 대처해야 할까요? 이런 게 너무 아득한 주제라면, 나의 용돈이나 월급을 잘 투자해서 불릴 수 있는 방법으로는 어떤 게 있을까요?

경제를 공부하며, 또 경제활동에 참여하면서 가질 법한 질문에 여러분 스스로 답할 수 있는 시간이 되길 바랍니다. 새로운 자극을 받고 즐거움까지 느낀다면 더 할 나위 없을 거예요. 물론 그건 우리끼리 통하는 즐거움이겠죠.

2025년 4월, 독일에서
알렉산더 하겔뤼켄

$$f(\omega) = \int_{-\infty}^{\infty} f(x) e^{-2\pi i x \omega} \, dx \quad \frac{dt}{d}$$

$$\rho\left(\frac{\partial v}{\partial t} + v \cdot \nabla v\right) = -\nabla p + \nabla \cdot T$$

$$H = -\sum p(x) b$$

$$\frac{1}{2}\sigma^2 S^2 \frac{\partial^2 V}{\partial S^2} + r S \frac{\partial V}{\partial S} + \frac{\partial V}{\partial t} - r$$

$$C(Q, q_i, m_i) = \sum_{i=1}^{n}\left[\frac{D_i}{m_i q_i} S_i\right.$$

$5\delta^2)$

$$\Delta P_{\mathcal{L}} t^{\frac{1}{2}}$$

$\frac{1}{2}$

$$\int (\log \sin x)^2 \, dx$$

$$\frac{d\Delta_f}{a}$$

$$\frac{d\Delta M}{}$$

돈으로 돌아가는 세상

1

우리의 일상은 늘 돈과 함께합니다. 제니는 방금 저녁 거리를 사러 마트에 다녀왔어요. 낮엔 공책을 세 권 샀죠. 어젠 할아버지께서 용돈으로 100유로(15만 원)를 주셨어요. 중간고사를 잘 봤거든요. 저녁을 먹자마자 제니는 온라인 상점에 들어가 청바지 삼매경에 빠졌습니다. 너무 타이트해 보인다며 엄마는 사줄 생각이 없다던 청바지예요. 제니 생각에 엄마의 잔소리는 바지 스타일이 아니라 가격 때문이에요. 그래픽 디자이너인 제니의 엄마는 요즘 벌이가 예전 같지 않거든요. 아무려면 어떤가요. 제니에겐 할아버지께 받은 용돈이 있는 걸요. 그건 그렇고, 내일은 메메트에게 5유로를 갚아야 해요. 지난주에 간식을 사 먹으면서 빌린 돈이에요.

살아가는 데 돈은 매우 중요합니다. 어른들 대부분은 돈을 벌기 위해 열심히 일하죠. 여러분도 돈 없는 삶을 상상하긴 힘들 거예요. 그런데 인류가 지구에 등장한 이래 돈이 존재한 시간은 생각보다 짧습니다. 이번 장에서는 돈과 경제가 어떻게 발전해왔는지 알아볼 겁니다. 먼저 여러분의 최대 관심사인 용돈 이야기부터 해볼까요?

용돈을 얼마나 받나요?

청소년에게 적당한 용돈 액수를 정해놓은 법은 없어요. 어디까지나 부모와 자녀 간의 문제니까요. 2020년대 초 코로나 팬데믹 당시엔 많은 사람들의 벌이가 줄었답니다. 자연스럽게 아이들의 용돈도 깎였어요. 2019년 한국의 중학생은 한 달에 7만 원가량을 받았지만 팬데믹 기간엔 3~4만 원에 만족해야 했습니다.[1] 전 세계에 경제 위기가 불어 닥친 2008~2009년에도 각국 자녀들의 용돈 액수가 줄었다고 해요.

성별 차이도 있어요. 예컨대 독일 부모들은 딸보다 아들에게 용돈을 더 많이 주는 경향이 있어요. 아무런 이유 없이 말이죠. 제니의 생각에 이건 말도 안 되는 일이에요. 다행히 이런 문화는 점점 사라지고 있습니다.

부모가 모든 것을 결정해서는 안 돼요

전문가들은 부모가 용돈으로 자녀를 통제하려고 들면 안 된다고 조언해요. 벌을 준다고 용돈을 끊거나 성적이 떨어졌다고 액수를 줄이지 말아야 한다는 거죠. 아이들은 용돈을 본인의 뜻대로 쓸 수 있어야 하고, 부모는 그것에 잔소리하지 않는 게 좋습니다.

메메트는 나이에 따른 적정 용돈을 제시한 뉴스를 보았습니다. 친구들과 견줘 용돈이 적다고 생각해온 메메트는 그 내용을 아빠에게도 전했죠. 처음에 아빠는 아들이 쓸데없는 이야길 한다고 여겼어요. 용돈이라면 충분히 주고 있다는 말과 함께요. (종종 그랬듯 메메트는 한숨을 내쉬었어요.) 다행히 직접 뉴스를 찾아본 아빠는 용돈을 10유로 올려주기로 했습니다. 그리고 어디에 쓰든 잔소리하지 않겠다고도 약속했어요. 게임기를 사더라도 말예요. 과연 아빠가 약속을 지킬까요? 메메트는 어쩐지 미심쩍습니다.

청소년들은 용돈을 어디에 쓸까요? 나이에 따라 다르지만 대개 군것질과 노래방 등에 가장 많이 쓴다고 해요. 성별에 따라서도 나뉩니다. 여자 아이라면 좋아하는 아이돌 상품을 사거나 즉석사진 찍기, 남자 아이들은 피시방(게임)에 더 많이 쓰는 경향이 있어요.

독일에서는 18세 미만의 청소년은 값비싼 물건을 사는 데 제약이 있습니다. 가령 고등학생인 제니가 태블릿PC를 사려면 부모의 동의가 필요해요. 청소년이 어른들의 상술에 당하지 않도록 보호하는 규정이죠. 물론 액수가 크지 않다면 그런 제약이 없습니다. 일곱 살부터는 부모님에게 묻지 않고 용돈을 쓸 수 있어요. 제니가 산 청바지나 아이돌 음반을 엄마 아빠 마음대로 환불할 수 없다는 거죠. 다만 정기적인 지출, 예를 들어 휴대폰을 사기 위해 약정이나 할부 계약을 하는 경우엔 부모의 동의가 있어야 해요. 이건 한국에서도 마찬가지입니다.

물건을 사고팔려면 계약이 필요해요

이런 몇몇 경우를 제외하면 청소년은 자유롭게 '구매 계약'을 맺을 수 있습니다. **계약**이란 무엇을 사고팔거나 주고받기 위한 당사자

끼리의 약속입니다. '합의'라고도 하죠. 모든 거래는 계약을 바탕으로 이뤄져요. 편의점에서 음료수 하나를 사더라도 말이죠. 음료수를 골라 계산대에 올리는 것도, 점원이 요구하는 액수의 돈을 내는 것도 모두 암묵적인 계약 행위입니다. 덕분에 우리는 처음 보는 사이에서도 안심하고 거래할 수 있는 거죠.

값비싼 물건을 거래할 때는 계약서를 작성합니다. 혹시 모를 다툼에 대비해 사고파는 이들의 권리와 의무를 기록으로 남겨놓는 거예요. 온라인 상점에서 결제를 마친 순간부터 제니에겐 청바지를 가질 권리가 생깁니다. 만약 물건이 오지 않거나 불량품이 온다고 해도 옷값을 돌려받을 수 있어요. 쇼핑몰에 가입할 때 동의한 약관, 그리고 구매하면서 맺은 계약 덕분이죠.

메메트는 최신 스마트폰을 갖고 싶어요. 역시 결제를 해야 물건을 보내준다는군요. 이 약속을 믿을 수 있는 건 그게 구매 계약서에 따른 절차이고, 물건을 받기 전까지 메메트가 보낸 돈은 판매자의 것이 아니기 때문이에요. 반대로 돈을 송금하지 않았는데 업체에서 실수로 스마트폰을 먼저 보낸다면? 그렇더라도 값을 지불하기 전까지 물건의 소유권은 업체에 있답니다. 구매자-판매자 모두를 보호하는 셈이죠. 계약이 없다면 거래는 뜸해질 겁니다. 그러면 기업은 제품 생산을 줄이고 공장과 매장의 일자리도 줄어들겠죠.

용돈으로 보는 세상

우리는 용돈을 통해 돈의 특성, 나아가 그 돈으로 굴러가는 세계의 현실을 엿볼 수 있습니다. 상당수 부모님은 여러분의 용돈을 지금보다 줄이고 싶을지도 몰라요. 그런데 이건 부모님이 일하는 직장도 마찬가지예요. 대부분의 기업은 직원들이 바라는 임금보다 적게 주려고 하거든요.

용돈의 많고 적음이 여러분 사이에서 격차를 만들기도 합니다. 풍족한 용돈이나 값비싼 옷을 으스대는 학생이 있는가 하면 거의 무일푼으로 생활하는 친구도 있죠. 대개는 부모의 경제적 상황에 따라 발생하는 격차입니다.

'백만장자'라는 말을 들어봤을 거예요. 부자 하면 떠올리는 말로 100만 달러 이상의 재산을 가진 사람을 뜻해요. 100만 달러는 유로화로는 100만 유로, 한국 돈으로는 15억 원 정도인데요. 물가가 올라서 예전만큼 대단한 금액은 아니라지만, 여전히 독일과 한국의 대도시에서 온 가족이 함께 지낼 집을 장만하고도 남을 정도의 큰돈입니다. 2023년 기준으로 전 세계엔 약 6000만 명의 백만장자가 있습니다. 이 가운데 독일엔 260만 명, 한국엔 125만 명이 있다고 해요.[2]

그런데 세상엔 백만장자의 수보다 11배 이상 많은 7억 명의 사람들이 굶주리고 있습니다. 배고프지 않을 만큼의 식료품을 살 돈이 없는 사람들이죠. 7억 명! 한국과 독일과 미국과 브라질 인구를 모두 합한 것보다 많은 숫자예요.

왜 같은 세상에서 어떤 사람은 먹을 것이 없어 헤매는데 어떤 사람은 평생 써도 모자랄 돈으로 대저택을 수십 채씩 사들이거나 우주 관광에 나설까요? 안타깝게도 이런 모순은 인류 역사에 늘 존재해왔고, 여전히 풀어야 할 숙제입니다. 기독교의 경전인《성서》에도 불평등과 착취에 관한 이야기가 여럿 등장하죠. 이런 세상을 어떻게 개선할 수 있을까요?

돈의 기원:
제물 또는 대가

돈은 어떻게 탄생했을까요? 우리가 흔히 '동전'이라고 부르는 금속화폐는 약 3000년 전에 등장했습니다. 지금의 튀르키예 지역에서 금화를 만들어 사용했다고 해요. 나라에서 수많은 병사에게 일일이 식량을 공급하는 대신 금화를 나눠줘서 각자 먹을 것을 구입하도록 한 거죠. 그 자체로도 가치가 클뿐더러 반짝반짝 빛나는 금화는 사람들에게 인기를 끌었습니다. 나중엔 금 대신 구리(동)를 녹여 동화를 만들었고, 여기에서 동전이란 말이 유래했답니다. 종이로 만든 화폐, 즉 지폐는 1000년 전 중국에서 처음 등장했어요. 표시된 수량만큼 구리나 은으로 교환해주는 일종의 증서였죠.

그런데 동전이나 지폐 이전에도 돈은 존재했어요. 종교의 역사에 그 흔적이 남아 있습니다. 옛날 사람들은 신의 마음을 달래기 위해 사람을 죽여 제물로 바쳤어요. 나중에는 소나 양처럼 귀한 동물을 바쳤죠. 이렇듯 사람 대신 바친 제물에서 돈의 특성을 찾을 수 있습니다. 사람과 신의 **거래 수단**이라는 점이에요. 옛사람들은 몇 마리의 동물을 바치면 신이 은총을 베풀지 고민했고, 그렇게 합의된 단위는 점차 다른 분야에서도 교환의 척도가 되었습니다.

돈이 사람의 목숨을 대신한 사례는 더 있어요. 독일인의 조상인 게르만족은 술을 좋아하고 싸움을 즐긴 걸로 유명합니다. 다치거나 목숨을 잃는 일도 많았고, 피의 복수가 꼬리를 물었죠. 그러자 살인 배상금이라는 게 등장해요. 복수의 대상이 된 자가 자신의 목숨값으로 내놓는 돈이었죠.

이처럼 '돈'과 '대가'는 긴밀하게 연결되어 있습니다. 북아메리카 원주민 이로쿼이족의 풍습 가운덴 살인자의 가족과 희생자의 가족이 웜펌(wampum)을 주고받는 의식이 있었습니다. 웜펌은 조가비를 주렁주렁 꿰어 만든 띠로, 죄를 시인하고 용서를 비는 증표였어요. 유럽인이 당도하기 전 북아메리카에서도 이미 돈이 사용되었던 거죠.

그렇다면 경제는 어떻게 탄생했을까요?

수백만 년 전 구석기시대부터 사람들은 무리를 지어 살았습니다. 누군가 채집이나 사냥을 통해 먹을거리를 구하는 동안 누군가는 자식을 돌보며 음식을 준비했어요. 무리 전체는 힘을 모아 비바람을 피할 동굴을 찾고 짐승 털가죽으로 옷을 만들었죠. 뭔가를 사기 위한 돈은 필요하지 않았고, 뭔가를 파는 사람도 좀체 만나기 어려웠어요. 배불리 먹을 때도 있었지만 며칠이나 몇 달씩 굶주리는 일도 흔했죠. 과일과 곡식과 고기를 찾아 늘 다른 지역으로 이주해야 했습니다. 허기지고, 위험하고, 짧은 삶이었어요.

변화는 약 1만 년 전 신석기시대와 함께 찾아왔습니다. 사람들은 밀·벼 등의 씨앗을 땅에 심고 몇 달 후면 수백 배의 낱알이 열린다는 걸 깨달았어요. 여기저기 떠돌며 식량을 구하던 생활이 한곳에 정착해 농사지은 곡식으로 죽이나 빵을 만들어 먹는 삶으로 바뀌었죠. 물론 농사는 쉽지 않습니다. 씨앗을 얕게 심으면 빗물에

씻겨버리거나 짐승들이 파헤치고, 너무 깊게 뿌리면 싹이 나지 못하죠. 물에 잠기지도 햇볕에 마르지도 않도록 신경 써야 해요. 해충과 잡초도 끊임없이 농부를 괴롭힙니다.

이 모든 어려움을 이겨내며 인류는 농경에 성공합니다. 그리고 이는 또 다른 변화를 가져왔어요. 하루하루가 아닌 한 달 뒤, 한 해 뒤의 장기 식량계획을 세울 수 있게 되었고, 농부들은 그에 맞춰 규칙적으로 일했죠. 맞습니다. 먹고사는 일이 경제라는 시스템으로 돌아가기 시작한 거예요.

잠깐 다른 이야기를 하자면, 경제의 시작에 관한 역사엔 작은 교훈이 담겨 있어요. 오늘날 유럽과 미국에 사는 상당수의 서구인은 자신들이 아프리카나 아시아 사람보다 우월하다고 생각해요. 그런데 경제 시스템의 발상지는 서구가 아니에요. 1만 년 전 농경이 시작된 곳은 오늘날 우리가 중동 혹은 서아시아라고 부르는 튀르키예, 이란, 이라크, 시리아 지방이에요.

그런데 몇 년 전 그 지역에서 온 난민들이 독일을 찾았을 때, 독일인들이 이 이방인들을 따뜻하게만 맞이한 건 아니에요. 다른 서구인과 마찬가지로 그들을 낮잡아 보는 시선이 있었죠. 그러나 그 난민들의 조상은 독일인의 조상인 게르만인보다 수천 년 앞서 농업을 발명한 선구자들이에요. 오늘날에야 유럽의 중심 국가 역할을 하지만, 2000년 전 로마 제국에 수 킬로미터에 달하는 수도 관과 온수 목욕탕이 존재했을 때도 게르만인은 여전히 짐승의 털가죽을 입고 몽둥이를 들고 숲을 뛰어 다녔어요. 역사는 오만하지 말라고 충고해요. 오늘의 부자가 어제는 촌뜨기였고, 어쩌면 내일도 촌뜨기가 될 수 있어요.

다시 돌아와서, 농경을 통한 경제 시스템의 등장을 **농업혁명**이라고 표현해요. '혁명'이란 사람들의 삶을 완전히 바꿔놓았단 뜻이에요. 우리는 농경을 통해 경제의 기본 원칙을 배울 수 있어요. '최소한의 비용과 노동력으로 최대한 생산하고, 소비하고, 이익을 얻는다'는 원칙이죠. 이 원칙을 우리는 흔히 **경제적**이라고 표현해요. 수많은 사람들과 기업, 국가와 세계가 이 원칙에 따라 경제적으로 행동하려고 애씁니다.

경제:
적은 것으로 많은 것을 만들기

이러한 기본 원칙을 포함해 경제가 작동하는 방식을 연구하는 학문이 경제학입니다. 영어로는 economics(이코노믹스)인데 이 말은 '살림살이'를 뜻하는 그리스어 οἰκονομία(오이코노미아)에서 나왔어요. 경제학은 관심사는 무엇보다 살림살이에 부족한 것, 즉 **희소**

성에 있습니다. 모든 것이 풍부하다면 살림살이를 걱정할 필요가 없겠죠. 그러나 세상에는 부족한 것이 훨씬 많습니다. 석기시대엔 식량이 부족했어요. 현대인에겐 시간이 부족하고 돈이 부족하고 최신 상품이 부족하죠. 기업은 아이디어와 노동력, 원자재 부족에 시달립니다. 여기에 경제학의 두 번째 관심사가 숨어 있어요. 어떤 문제를 경제적으로, 다시 말해 희소한 자원으로 어떻게 최대한의 풍요를 누리느냐 하는 것입니다.

석기시대의 사람들은 모두가 함께 화살을 만들고 함께 사냥에 나섰습니다. 그런데 경제가 발명된 이후 사람들은 각자의 분야에 종사하기 시작했어요. 어떤 사람은 밀이나 벼를 심었고, 어떤 사람은 털과 우유와 고기를 얻기 위해 양과 소와 돼지를 길렀어요. 이걸 **분업**이라고 해요. 한 가지 일에 집중할 때 더 잘, 더 많이 해낼 수 있다는 것을 깨달은 겁니다.

250년 전 영국의 경제학자 애덤 스미스는 분업의 효과를 계산했어요. 물건을 고정하는 핀의 생산 방식을 예로 들었죠. 그에 따르면 숙련된 노동자 한 사람이 도맡으면 하루에 14개의 핀을 만들 수 있어요. 그런데 10명의 노동자가 철사를 펴고 자르는 등의 공정을 각자 나누어 맡으면 매일 4만 8000개의 핀을 생산할 수 있어요. 1인당 효율이 342배로 뛰는 겁니다.

오늘날 우리가 일상에서 사용하는 제품 대부분은 분업을 통해 생산됩니다. 대량생산을 돕는 기계 역시 한 사람의 힘만으로는 제작할 수 없어요. 이렇듯 분업과 기계에 힘입어 인류의 생산성은 애덤 스미스의 시대로부터 수천수만 배 증가했습니다.

돈의 세 가지 기능

서로의 물건을 맞바꾸는 걸 물물교환이라고 해요. 돈이 존재하지 않고, 물건의 가짓수가 많지 않던 시절엔 이런 식의 거래가 대부분이었어요. 그러나 분업이 대세가 되면서 상황은 복잡해집니다.

폭풍으로 농부의 창고가 망가졌습니다. 그는 자신이 수확한 밀 한 포대를 건축업자에게 주고 창고 수리를 맡기고 싶어 해요. 그러나 건축업자는 밀보다 고기를 원해요. 창고를 수리하고 싶은 농부는 먼저 자신의 밀을 목축업자의 고기와 교환해야 하죠. 그런데 목축업자에게 필요한 건 밀보다 새 구두예요. 결국 농부는 제화공에게 밀을 주고 구두를 주문합니다. 그렇게 얻은 구두를 들고 다시 목축업자를 찾아가죠. 마침내 농부는 건축업자가 창고 수리의 대가로 원하는 고기를 얻습니다.

이런 식으로 물물교환을 거듭한다면 거래는 좀처럼 성립하기 힘들 거예요. 그런데 각각의 교환에 돈이 등장하면 어떨까요? 농부는 경작한 밀을 시장에 팔아서 돈을 마련합니다. 그 돈을 건축업자에게 주고 창고를 고치죠. 건축업자는 다시 창고 수리비로 고기를 사고, 목축업자는 고기를 판 돈으로 구두를 삽니다. 이렇듯 돈의 첫째 기능은 **거래 수단**이에요. 돈을 주고받음으로써 간편한 거래가 이뤄지는 거죠.

또한 물물교환은 각 상품끼리의 교환가치를 정하기 어렵습니다. 창고 수리비와 맞바꿀 만한 고기는 몇 킬로그램일까요? 구두 한 켤레 값에 해당하는 밀은 또 몇 포대로 잡아야 할까요? 저마다 제각각이고, 매번 협상이 필요할 거예요. 돈은 이런 번거로움도 해결합니다. 모든 물건이 공유할 수 있는 **교환가치의 기준**이 되기 때문이에요. 이후 끊임없는 거래를 통해 고기와 구두와 밀의 가격은 자리를 잡아갑니다. 이렇게 모두가 동의하는 물건값과 품삯의 단위, 즉 상품과 서비스를 서로 교환할 수 있게끔 가치를 매기는 것이 바로 돈의 두 번째 기능입니다.

돈의 세 번째 기능은 **가치의 저장**입니다. 만약 지금도 물물교환이 일반적이거나 상당한 비중을 차지한다면 어떤 일이 벌어질까요?

메메트는 최신 스마트폰을 사려고 저축을 시작했어요. 스마트폰의 가격을 생각하면 시간이 꽤 걸릴 거예요. 부모님과 협상을 벌여 용돈을 더 받기로 했지만 여전히 한참 부족합니다. 돈을 모으기 위해 메메트는 토요일마다 정육점에서 알바를 하기로 했어요. 그런데 정육점 주인은 메메트의 일당을 최고급 꽃등심으로 주겠다고 합니다. 평소라면 나쁘지 않겠지만 고기는 금세 상하는 상품이에요. 돈과 달리 모을 수 없고, 따라서 스마트폰을 사는 데 보탤 수도 없어요.

　　사람들은 신선한 고기를 원해요. 그래서 고기의 가치는 오랜 시간 유지될 수 없죠. 반면 돈은 상하지 않습니다. 원하는 것을 사거나 이루기 위해 저축할 수 있어요. 시간의 흐름을 버텨내면서요.

　　이렇게 교환가치의 척도이자 거래의 지불 수단인 돈은 또한 가치를 저장합니다. 돈이 없다면 몇 번의 클릭이나 터치만으로 국경과 대륙을 넘나들며 매일 수십억 건씩 거래가 이루어지는 현대 세계는 존재하지 않을 거예요. 여러분이 주문한 스니커즈 운동화는 수천 킬로미터 떨어진 베트남이나 인도네시아에서 생산되지만 그것과 무엇을 맞바꿀지, 운동화와 교환하기 전에 그 물건이 상하진 않을지 걱정할 필요가 없습니다. 돈이 존재하니까요!

석기시대엔 먹고사는 데 필요한 모든 것을 그 사람이 속한 집단에서 스스로 공급했어요. 이후 농부로 살면서 사람들은 생존에 필요한 이상의 농작물을 생산하기 시작했어요. 그러면서 먼 곳에서 온 상품에도 관심을 보이기 시작했죠. 어떤 지역의 사람들은 손재주가 뛰어나 아름다운 그릇을 만들어냈을 거예요. 또 다른 지역에선 음식에 풍미를 더하는 향신료가 재배되었을 테고요. 이들 사이에 상거래가 일어나면서 사람들은 돈의 가치를 알게 되었죠.

수천 년 전의 무덤에서 출토된 보물과 장신구를 조사한 결과, 까마득히 먼 지역에서 만든 유물이라는 사실이 밝혀지기도 했습니다. 상거래의 흔적이죠. 2000년 전 예수가 살던 시기의 이스라엘엔 올리브유를 전문적으로 생산하는 농부들이 있었어요. 이스라엘산 올리브유는 3000킬로미터 이상 떨어진 독일의 라인강 지역에서도 찾을 만큼 인기 상품이었다고 해요. 이 밖에도 이집트의 대추야자처럼 특정 지역에서 주로 생산되는 작물, 솜씨 좋은 장인이 만든 의복·장신구·와인, 흔한 물건이라도 다른 지역보다 저렴하게 생산할 수 있는 경우엔 국경을 넘어 거래되었답니다.

경제활동의 빛과 그늘

경제활동이 성공해서 풍요를 이루려면 다음과 같은 조건이 맞아 떨어져야 해요.

- ✦ 농경 등 뚜렷한 목적이 있는 생산
- ✦ 분업을 통한 숙련과 전문화
- ✦ 생산력을 높이는 기계
- ✦ 남이 더 저렴하게, 더 잘 만들 수 있는 제품을 거래
- ✦ 안정적 거래를 위한 법과 제도
- ✦ 믿을 수 있는 돈(화폐)

어느 하나 만만한 게 없죠? 실제로 이 요인들이 모두 충족되는 데는 오랜 시간이 걸렸습니다. 농경이 시작되고서도 수천 년간 인류는 지극히 가난했어요. 그나마 이룬 경제적 성과는 극소수의 사람들, 즉 왕과 귀족 그리고 공장 소유주에게 돌아갔죠.

지지부진하던 인류의 경제활동은 두 차례의 큰 사건과 함께 거대한 변화를 맞이합니다. 먼저 18세기(1700년대) 중반부터 기술의 발전을 바탕으로 생산력이 비약적으로 증가합니다. 이걸 **산업**

화, 또는 **산업혁명**이라고 해요. 이 과정에서 앞서 열거한 경제활동의 조건들이 대부분 맞아떨어지게 됩니다. 물론 모든 나라에서 산업화가 진행된 것은 아니에요. 산업화는 지난 300여 년간 유럽과 북아메리카, 오스트레일리아, 그리고 한국과 일본을 비롯한 아시아의 몇몇 국가만이 달성한 성과예요. 이른바 '선진국'으로 불리는 나라들이죠.

산업화의 풍요가 사람들에게 골고루 돌아가기 위해선 더 필요한 게 있어요. 정당·노동조합과 같이 일하는 사람들의 목소리를 대변하는 집단, 그리고 인종·성별이나 재산의 많고 적음에 상관없이 평등하게 주어진 선거권으로 뽑은 민주주의 정부입니다. 약 150년 전부터 시작된 이런 움직임을 민주화라고도 해요. 민주주의 정부는 산업화의 성과를 골고루 나누기 위해 세금을 걷고 각종 제도를 시행합니다.

오늘날 우리는 날씨나 침입자의 영향을 받지 않는 안전한 집에서 살고 있어요. 하루가 멀게 쏟아지는 신제품을 골라 쓰면서 그 편의를 누리죠. 휴가철이면 여행도 떠나요. 100년 전이라면 심각했을 부상과 질병을 어렵지 않게 치료해줄 의사와 약품도 충분합니다. 그 덕분에 요즘 사람들은 옛날보다 세 배는 더 오래 살아요. 평균수명이 25~30세에 불과했고, 그마저도 평생 치통과 복통을 달고 살아간 신석기시대 사람들과는 비교할 수 없이 안락한 삶이죠.

이런 혜택은 당연한 게 아니에요. 산업화와 민주화를 거치며 달성한 현대의 경제활동이 사람의 많은 욕구를 충족해주고 있다는 뜻이에요. 실제로 일정한 경제 수준에 도달하지 못한 아프리카, 남아메리카, 아시아의 많은 지역은 여전히 빈곤에서 벗어나지 못하고 있어요.

메메트의 생각은 조금 달라요. "돈을 잘 번다고, 혹은 선진국에 산다고 해서 반드시 더 행복할까요? 사람들은 경제 발전을 이유로 지구를 파괴하고 있어요. 나쁜 짓으로 얻은 편리함을 아무렇지도 않게 누려도 될까요? 게다가 어떤 사람은 엄청나게 부유한데 어떤 사람은 가진 게 거의 없어요. 이건 정말 불공평해요!"

메메트는 오늘날의 경제 시스템에 문제가 있다고 느낍니다. 어딘가 불평등하고 부당해요. 대체 왜 그런 걸까요? 질문에 답하기 전에 우선 경제의 작동 원리에 대해 알아보려고 합니다. 소비자이자 미래의 노동자 또는 기업가로 살아갈 여러분의 삶과도 뗄 수 없는 사안이기 때문이에요.

메메트가 이야기한 것처럼 인류가 추구해온 경제활동은 적잖은 문제를 일으켰습니다. 특히 '돈'은 오래전부터 비판의 대상이었죠. 실제로 불평등, 즉 빈부 격차가 본격화한 것은 돈이 등장한 시기와 멀지 않다고 해요.

석기시대에는 격차가 크지 않았어요. 그러나 농경이 자리를 잡으면서 상황이 바뀌었습니다. 어떤 사람은 풍작을 맞이해 번 돈으로 농토를 늘리고 더 많은 작물을 생산해요. 반면 수확 직전에 우박이 내려 농사를 망친 사람은 그해 식량을 구하기 위해 땅을 내놓아야 합니다. 그는 이제 다른 농부의 소유가 된 밭에서 소작농으로 일해야 하죠. 자연이 주는 것에 만족하던 석기시대 사람들과 달리 뚜렷한 계획에 따른 경제활동이 시작되면서 이 격차는 더욱 커졌어요.

돈은 경제활동에 이로울 때도 있고, 해로울 때도 있어요. 중요한 건 돈에 대한 마음가짐과 태도예요. 많은 사람이 돈을 원하는 건 당연합니다. 거래를 비롯해서 세상의 많은 일엔 돈이 필요하니까요. 문제는 그 욕구가 지나쳐서 사람보다 돈을 더 중요하게 여기는 경우도 많고, 돈 때문에 남을 속이거나 해치는 일도 심심찮게 일어난다는 거예요.

수백 년 전 남아메리카에 들어온 스페인 사람들은 금과 은을 차지하기 위해 그곳 원주민을 착취했습니다. 원주민들은 그들의 행동을 이해하지 못했어요. 칠레 지역에 살던 마푸체족은 침입자와의 전투에서 승리한 뒤 황금을 불에 녹여 스페인 총독의 입에 쏟아 부으며 말했어요. "봐라, 네가 우리를 괴롭히며 얻은 금이 지금 무슨 쓸모가 있느냐?"

그러나 돈이 사라진다면 세계는 작동을 멈출 거예요. 쇼핑부터 음식 배달, 기차표 예매에 이르기까지 돈으로 이뤄지는 일상의 모든 거래가 혼란에 빠지겠죠. 임금은 어떻게 받고 무역은 어떻게 해야 할까요? 기업은 사업을 이어나가기 힘들 겁니다. 그런 불편을 감수하고서라도 돈을 금지하면 빈부 격차가 사라질까요? 그것도 아닐 겁니다. 돈이 없던 시절에도 싸움은 일어났고, 억압과 착취는 존재했으니까요.

우리가 주목할 것은 탐욕의 결과에서 얻는 교훈이에요. 돈 때문에 일어날 수 있는 문제를 막아줄 정치 시스템을 만들어야 합니다. 기업이 소비자를 속이고, 건물주가 과도한 임대료를 요구하고, 부자만 더욱 부자가 될 뿐 대부분은 정당한 대가를 받지 못하는 상황을 막아줄 제도가 필요하죠. 뒤에서 다루겠지만 독일에선 '사회적 시장경제'라는 관점에서 이 문제에 대처하고 있어요.

메메트는 알바를 열심히 해서 스마트폰을 살 수 있는 돈 500유로(75만 원)를 모았습니다. 그런데 스마트폰 판매 업체에서 갑자기 유로화를 취급하지 않는다는 안내문을 내걸었어요. 메메트가 했던 모든 알바와 저축이 물거품이 되는 순간이에요. "안 돼!" 메메트는 비명을 지르며 눈을 뜹니다. 꿈이었네요. 천만다행이죠. 그런데 이런 일이 실제로 일어난다면 어떻게 될까요?

메메트의 꿈은 괜한 악몽이 아니에요. 우리가 무심코 사용하는 돈의 신뢰성에 대해 곰곰이 생각해볼 거리가 담겨 있답니다.

누구나 믿을 수 있는 돈이 탄생하는 데는 적잖은 세월과 시행착오가 필요했어요. 처음에는 소나 쌀을 돈처럼 사용했답니다. 그런데 소는 죽고 쌀은 상하죠. 사람들은 시간이 지나도 가치가 변하지 않는 것을 찾았어요. 태평양의 미크로네시아에선 몇 톤이나 되는 커다란 돌 바퀴가, 인도양 지역에선 개호주(새끼 호랑이) 가죽이 소와 쌀을 대체했답니다. 이렇게 가치를 인정받아 그 사회에서 돈처럼 사용되는 물건을 가리켜 **상품화폐**라고 해요.

상품화폐는 더 보편적 가치를 지니면서도 휴대가 간편한 쪽으로 변화했어요. 이윽고 금·은·동 같은 귀금속을 녹여 만든 주화, 즉 **금속화폐**가 탄생합니다. 특히 금화는 2000년 전 로마제국에서부터 본격적으로 사용되며 사람들의 신뢰를 받았죠.

그렇게 경제활동의 규모가 커질수록 더 많은 양의 금화가 필요했습니다. 사람들은 이제 무거운 금이나 은을 은행에 맡기고 필요할 때 찾아갈 수 있는 증서를 받아 돈처럼 사용하기 시작했어요. 이것이 **종이화폐**, 즉 지폐의 기원이에요.

그런데 오늘날에는 지폐를 은행에 가져가도 금이나 은으로 바꿔주지 않습니다. 그렇다면 그 자체로는 종잇조각에 불과한 지폐가 여전히 신뢰받는 까닭은 무엇일까요? 지폐를 발행한 은행이나 국가가 지폐에 표기된 가치를 보증하기 때문이죠. 그래서 지폐를 **신용화폐** 또는 **법정화폐**라고도 합니다.

13세기 프랑스 왕국의 황제 필리프 4세는 전쟁 자금으로 금화가 더 필요했습니다. 그러나 비축해둔 금을 진즉에 다 써버렸기에 구리를 녹여 동화를 발행했죠. 프랑스인들은 이 돈의 가치에 의문을 품었고, 각자가 보유한 금으로 상품을 사고팔았습니다. 금이 없어도 구리 주화를 쓰지 않고 물물교환을 할 정도였죠. 프랑스 사회는 금세 혼란에 빠졌어요. 700년 전 중국에도 비슷한 사례가 있습니다. 당시 원나라에선 '교초'라는 지폐가 사용되었어요. 같은 액수의 은과 교환할 수 있는 지폐였죠. 처음엔 정부의 은 보유량에 맞춰서 교초를 발행했습니다. 정부가 지폐의 가치를 보증한 거예요. 그런데 나중엔 쓸 돈이 부족할 때마다 교초를 마구 찍어 냈고, 결국 이 돈의 가치는 땅에 떨어졌습니다. 물가가 뛰어오르고, 이웃 나라 고려까지 휘청댈 정도의 경제 위기로 번졌죠. 현대에도 마찬가지예요. 돈이 신뢰를 잃으면 경제가 돌아가지 않습니다. 사람들의 삶은 힘겨워지죠. 우리가 돈을 신뢰해야 하는 이유가, 돈을 통해 원하는 것을 주고받을 수 있다는 믿음이 필요한 까닭이 여기에 있습니다.

어떻게 하면 돈을 신뢰할 수 있을까요?

오늘날 대부분의 나라는 **중앙은행**이라는 기관을 두고 있어요. 한국은행, 연방준비제도(미국), 유럽중앙은행 같은 곳이죠. 중앙은행은 각국의 주화와 지폐를 발행하는 일을 도맡아 합니다. 해당 국가의 중앙은행이 발행한 돈을 그 나라의 유통화폐, 줄여서 **통화**라고 해요.

한국의 통화는 원화예요. 이웃 나라 중국과 일본은 위안화와 엔화를 사용합니다. 미국은 달러화를 사용하죠. 미국 달러화는 세계 최강국의 화폐라는 위상에 힘입어 국가 간 거래나 결제의 수단으로 사용되고 있습니다. 이걸 **기축통화**라고 해요. 한편 유럽연합(EU)에 소속된 나라들은 유럽중앙은행에서 발행한 통화인 유로화를 공유해요. 이런 통화는 각자 나라에서 법으로 정한 지불·교환 수단이기에 '법정통화'라고도 합니다. 사실 악몽에서 깨어난 메메트는 걱정할 필요가 없답니다. 메메트가 모은 유로화는 유럽연합의 법정통화이기에 독일에서 영업하는 기업이 거부할 수 없기 때문이죠.✦

중앙은행은 자국의 통화 가치를 안정적으로 유지하기 위해 노력합니다. 여러분에게도 물가와 금리, 환율이라는 말이 낯설지 않을 거예요. **물가**는 상품과 서비스의 가격을, **금리**는 빌리거나 은행에 맡긴 돈에 붙는 이자 또는 이자율(이율)을 뜻합니다. **환율**은 서로 다른 통화의 교환 비율을 말하죠. 세 가지 모두 화폐의 가치와 밀접하게 연결되어 있어요. 따라서 중앙은행은 물가·금리·환율의 변동을 예의주시하면서 그때그때 대응에 나선답니다. 이를 가

✦　유럽연합의 국가들도 과거엔 각자의 중앙은행에서 발행한 법정통화를 사용했습니다. 독일은 마르크화, 이탈리아는 리라화, 프랑스는 프랑화를 썼죠. 유로화 같은 공통 통화의 장점은 분명해요. 예를 들어 독일인은 이탈리아로 휴가를 떠날 때 환전할 필요가 없죠. 이웃 나라끼리 상품을 사고파는 것도 훨씬 간편하답니다.

리켜 **통화정책**이라고 해요.

요즘엔 왜 돈이
눈에 보이지 않을까요?

제니는 문득 이런 의문을 가졌어요. 돈은 대부분 은행에 있고, 눈에 띄지 않죠. 부모님이 열심히 일한 대가도, 제니가 받은 용돈이나 옷값으로 지불한 돈도 은행계좌나 입출금 안내 문자메시지에만 찍힐 뿐이에요. 이렇듯 내 손에 잡히지 않는 돈의 존재를 과연 믿을 수 있을까요?

유럽은 12세, 한국에서는 14세부터 자기 이름으로 예금계좌를 만들 수 있어요. 계좌에는 여러 종류가 있지만 처음에는 대부분 입출금이 자유로운 '요구불계좌'를 개설합니다. 정식 명칭이 좀 어려워서 흔히 '보통예금'이라고 부르죠.

계좌를 만들면 직불카드를 발급할 수 있어요. 직불카드를 이용해 언제든 내 계좌 내역을 들여다보거나 돈을 입출금할 수 있어요. 물건값을 결제할 수도 있죠. 스마트폰이나 컴퓨터에 설치된 은행 애플리케이션(앱)도 비슷한 기능을 해요. 눈에 보이지 않는 은행 예금을 미심쩍어 하면서도 제니는 친구를 만나거나 쇼핑하러 나갈 때 따로 돈을 챙기지 않습니다. 직불카드만 있으면 아무런 문제가 없으니까요.✦ 왜 그럴까요? 제니에겐 자기 예금을 은행에 청구할 권리가 있기 때문이죠. 은행은 예금액 내에서 예금주가 요구하는 돈을 지급해야 한답니다.

오늘날 대부분의 돈은 눈에 보이지 않습니다. 그 편이 훨씬 더 유용하기 때문이죠. 당장 휴대폰 요금을 매달 현금으로 찾아서 은행이나 통신사에 직접 납부한다고 상상해보세요. 온라인 계좌이체가 우리의 일상을 얼마나 편리하게 만드는지 알 수 있죠. 이는 기업도 마찬가지예요.

> 궁금한 게 더 있어요. 제니의 어머니는 계좌에 몇 만 유로의 돈을 가지고 있어요. 힘들게 일해서 번 돈이죠. 그런데 어느 날 은행이 망하면 어떻게 될까요? 제니 어머니의 돈도 신기루처럼 사라지는 게 아닐까요?

✦ 한국에서는 이와 비슷한 기능을 가진 '체크카드'가 널리 사용되고 있습니다. 직불카드는 은행에서, 체크카드는 카드사에서 발급해요.

그럴 때를 대비해 '예금자보호제도'가 있어요. 이 제도에 따라 민간은행은 예금보험에 가입하고 보험료를 납부해야 합니다. 은행이 파산하더라도 사람들의 예금을 책임지고 돌려주기 위한 보험이죠. 물론 예금액 전부를 보장하지는 않아요. 독일에서는 1인당 10만 유로(1억5000만 원)의 예금액까지 법으로 보호받습니다. 예금자보호제도 덕분에 독일에선 은행의 파산으로 피해를 입은 예금자는 한 명도 없다고 해요. 한국에서는 오랫동안 5000만 원에 머무르던 예금자보호 한도액이 2025년부터 1억 원으로 상향됩니다.

$$f(\omega) = \int_{-\infty}^{\infty} f(x)e^{-2\pi i x \omega} \, dx \quad \frac{dt}{d}$$

$$\rho\left(\frac{\partial v}{\partial t} + v \cdot \nabla v\right) = -\nabla p + \nabla \cdot T$$

$$H = -\sum p(x)$$

$$\frac{1}{2}\sigma^2 S^2 \frac{\partial^2 V}{\partial S^2} + r S \frac{\partial V}{\partial S} + \frac{\partial V}{\partial t} - r$$

$$C(Q, q_i, m_i) = \sum_{i=1}^{n}\left[\frac{D_i}{m_i q_i} S_i\right.$$

$5\gamma^2$)

$\Delta P \varepsilon t^{\frac{1}{2}}$

$$\frac{d\Delta_F}{}$$

$$\frac{d\Delta N}{}$$

$$\int_0 (\log \sin x)^2 \, dr$$

2

직업과 노동: 여러분은 어떤 일을 하고 싶나요?

직업은 많아요

　제니는 어려서부터 요리와 베이킹을 좋아했습니다. 하지만 막상 장래희망을 이야기할 땐 늘 다른 직업을 꿈꿨어요. 처음에는 의사, 다음에는 교사, 고등학생이 된 후에는 디제이(디스크자키)가 되고 싶었죠. 하지만 디제이 일로 먹고살 수 있을지 불안했기에 결국 가장 좋아하는 요리로 뭔가를 해볼 생각이 들었답니다. 제니는 식물성 재료만 사용한 비건 피자를 만들고 싶어요. 평소에 사람들이 건강에 나쁜 음식을 너무 많이 먹는다고 생각해왔거든요. 더구나 사람들이 고기를 덜 먹는다면 그건 지구에도 좋은 일일 테니까요. 그런데 가장 친한 친구 소피의 반응은 의외였어요. "요리하는 여자라고? 너무 고리타분하지 않아?"

메메트는 시간이 날 때마다 공부를 돕는 앱을 만들어요. 수업 시간에 선생님들의 설명이 충분하지 못하고 무엇보다 지루하다고 느꼈거든요. 동시에 메메트는 역사학자를 꿈꿉니다. 과거의 비밀을 밝혀내고 대학교수로서 강의도 잘하고 싶어요. "학교에서 배운 걸로도 부족하다고?" "교수가 되겠다니, 정말이야?" 친구들의 짓궂은 물음이 달갑진 않습니다. 스스로도 확신이 없기 때문이에요. '내가 길고 긴 학업을 끝까지 해나갈 수 있을까?' 사실 메메트는 다른 일에도 흥미가 있어요. 위험에 처한 사람들, 학대받는 아동이나 난민을 돕는 일이에요.

얼마 뒤면 고등학교를 졸업할 제니는 제빵사 자격증을 취득해 피자 가게에서 일할 수 있어요. **노동자**가 되는 거죠. 아니면 꿈

뛰온 대로 비건 피자 식당을 열어 사장, 즉 **자영업자**가 될 수도 있겠죠. 식당이 크게 성공한다면 비건 피자 프랜차이즈를 경영하는 **기업가**로 거듭날 수도 있을 거예요. 물론 사람들 대부분은 노동자로 살아갑니다. 노동자는 기업이나 학교, 정부와 고용 계약을 맺고 자신의 노동력을 제공한 대가로 임금을 받아요. 메메트가 꿈꾸는 대학교수도 노동자예요. 여러분은 저마다 어떤 미래를 그리고 있나요?

엠마는 동생들인 제니나 메메트보다 한 걸음 앞서 진로를 정했습니다. 중학생 때부터 목표로 삼은 의사가 되기 위해 의과대학에 진학했거든요. 막상 들어오니 의학 공부는 그동안 해왔던 입시 준비보다 훨씬 더 어려워서 부담이 적지 않아요. 그렇지만 열심히 해봐야죠. 엠마는 인체가 기능하는 방식에 흥미가 있고, 병이 나거나 다친 사람을 돕는 일에도 관심이 많아요. 물론 의사가 돈을 잘 버는 직업이라는 점도 마음에 들어요.

직업학교(한국의 특성화고교, 마이스터고교와 비슷해요) 졸업반인 레온은 기전공학을 공부하는 동시에 직업훈련생 자격으로 자동차 정비공장에 실습을 나가고 있습니다. 기전공학은 기계공학과 전자공학을 융합한 학문이에요. 어려서부터 기계 장치, 특히 자동차 정비에 관심을 가져온 레온이 각종 전자 장비와 첨단 기술이 탑재된 요즘 자동차를 제대로 이해하는 데 꼭 필요한 공부죠. 훈련생 수당도 따로 받을 수 있으니 일석이조랍니다.

레온을 가르치는 자동자 정비공장의 마이스터(한국어로는 '장인'이라는 뜻이에요)는 매우 친절한 분이지만, 이따금 정장 차림의 고객들이 레온을 함부로 대할 때도 있어요. 자기들이 모는 자동차를 직접 수리할 줄도 모르면서 말이죠! 물론 레온은 금세 잊어버리고 씩씩하게 연장을 잡는답니다.

　　엠마와 레온은 스스로 선택한 진로에 만족하며 준비하고 있어요. 이건 대단히 중요한 문제랍니다. 사람은 깨어 있는 동안 가장 많은 시간을 일하면서 보내기 때문이에요. 좋아하지 않는 직업을 갖는 것은 하루 종일 무거운 짐을 지고 사는 것과 같습니다.

내가 진짜로 원하는 것

여러분 중에서도 방학 때 알바를 해봤거나 자리를 알아보는 친구들이 있을 거예요. 돈을 벌기 위해서죠. 그런데 알바는 내가 어떤 직업을 가지고 싶은지 알아가는 데도 도움이 된답니다.

여러분 또래의 학생일 때, 저는 옷가게에서 창고 정리 알바를 했어요. 친구들과 밴드를 꾸렸는데 악기를 살 돈이 모자랐거든요. 고등학생 땐 레온처럼 자동차 정비공장에서 일했어요. 기름이 잔뜩 묻은 부품을 시간당 100개씩 분류해야 했죠. 대학에 들어가서는 뮌헨의 옥토버페스트(맥주축제)에서도 알바를 했어요. 축제가 끝난 뒤 토사물로 가득한 텐트를 철거하면서, 좋아하지 않는 일을 하며 돈을 버는 게 참 힘들다는 생각이 들더군요. 무슨 일이 있어도 대학교를 졸업하겠다고 결심했답니다.

어떤 사람들은 대학에서 몇 년을 보낸 뒤에 늘 시간에 쫓기며 기사를 쓰는 저의 삶보다 일찍부터 돈을 벌 수 있는 육체노동이 더 낫다고 생각해요. 그럴 수도 있다고 봐요. 실제로 과거에 제가 경험한 알바보다 더 재밌고 벌이도 괜찮은 일은 무궁무진해요. 다만 그땐 다양한 직업교육을 받지 못했기 때문에 아무도 하고 싶어 하지 않은 일을 해야 했던 거죠.

사람은 다 달라요. 직업 선택도 마찬가지예요. 자신에게 맞는 일이 무엇인지 알아내는 게 중요합니다. 혼자서 고민하지 않아도 돼요. 독일에서는 학교에서 취업상담사의 도움을 받을 수 있어요. 연방고용청에서는 취업 정보와 그에 필요한 교육 서비스를 제공하죠. 다양한 직업을 소개하고 채용을 주선하는 일자리 박람회도 개최해요. 한국에서는 고용노동부와 그 산하기관인 고용플러스복지센터가 비슷한 역할을 합니다. 내 적성에 어울리는 일을 찾는 데 유용한 혜택과 기회를 얻을 수 있어요.

회사나 공공기관에서 인턴 과정을 경험해보는 것도 좋습니다. 업무를 실습하면서 그곳에선 어떤 일을 하는지, 내게 맞는 일인지 살펴보는 거예요. 저는 대학교를 졸업한 뒤 자그마한 신문사에서 터무니없이 적은 원고료를 받으며 기사를 썼어요. 그러면서 두 가지를 깨달았죠. 글쓰기가 내 적성에 맞는다는 것, 그리고 더 많은 돈을 주는 곳으로 가야 한다는 것.

직업 선택은 꽤 수고로운 일입니다. 그렇지만 감수할 만하죠. 직업만큼 여러분의 인생을 결정하는 것도 없으니까요. 여러분의 부모님과 학교 선생님은 그 선택의 귀중한 조력자예요. 다만 어른들의 조언을 귀담아듣되, 스스로에게 관심을 갖는 게 중요해요. 나의 재능과 관심에 대해서 말이죠.

엠마처럼 제니도 처음엔 의사가 되고 싶었어요. 아픈 이들에게 건강을 되돌려주는 일이 근사해 보였거든요. 그러다 누군가의 고통을 접할수록 마음이 괴로워지는 걸 깨닫고부터는 교사가 되고 싶었죠. 개구쟁이들을 가르치는 자상한 선생님! 하지만 제니가 보기에 요즘 학교는 답답한 곳이에요. 그런 공간에서 평생을 보내긴 싫어요. 나이가 들고 관심사가 늘어날수록 진로에 대한 고민도 커져갑니다. 그러면서 세상엔 당황스러울 정도로 많은 직업이 있다는 걸 알았어요. 그러나 선택지가 많다는 건 긍정적이기도 해요. 다른 친구들도 비슷한 상황일 거예요.

인류는 수십만 년 동안 사냥꾼이자 채집꾼으로 살았습니다. 이후 수천 년간 대다수 인류의 직업은 농부였죠. 살아남기 위해 어쩔 수 없는 선택이었어요. 그렇다면 제니를 당황스럽게 만든 어마어마한 수의 직업은 어떻게 생겨났을까요?

비밀은 분업에 있습니다. 농경 시대엔 다들 밀농사를 지으면서 소를 키우고, 집을 짓는 동시에 장작을 팼습니다. 그런데 다른 누군가가 대신 소를 돌보고, 집을 짓고, 땔감을 마련해준다면 농부는 훨씬 더 많은 밀을 수확할 수 있을 거예요. 분업화의 효과죠. 핀 공장의 사례에서 배웠듯, 분업이 일상화하면 생산성은 물론 전문성이 크게 상승해요

여러분 교실의 선생님들이 아무리 똑똑해도 자동차를 만들거나 소프트웨어를 업그레이드하거나 환자를 수술할 수는 없어요. 그런 건 기술자, 프로그래머, 외과 의사가 하는 일이니까요. 의사만 해도 예전과 달라요. 오늘날 인체 전부를 혼자서 진료하는 의사는 없어요. 심장, 소화기관, 뼈, 치아 등 각 기관을 담당하는 전문의가 따로 있죠. 인류의 평균수명이 상승한 것은 이러한 의료의 분업화 덕분이기도 합니다.

좋아하면서 잘할 수 있는 일, 그리고…

직업 선택에서 가장 중요한 기준은 내가 무엇에서 재미를 느끼느냐는 거예요. 나아가 나의 강점은 무엇이고 약점은 무엇인지, 무엇이 내게 어울리지 않는지도 중요해요.

엠마는 어릴 적 친구가 암에 걸려 투병하는 걸 지켜보았습니다. 다행히 친구는 완치되었지만 엠마는 사람들이 왜 병에 걸리는지, 어떻게 하면 다시 건강해질 수 있는지에 관심을 갖게 되었죠. 훌륭한 의사가 되려면 공부를 정말 많이 해야 해요. 버거울 때도 있지만, 엠마는 한번 결심하면 끝까지 가는 성격이에요. 한편 의사는 고통을 호소하고 두려움을 느끼는 환자들과 상대해야 하는 직업이에요. 다행히 엠마는 인내심이 깊고 친절하답니다. 그리고 자신의 그런 성향이 의사라는 직업과 어울린다는 점도 잘 알고 있죠.

강점과 약점을 아는 것만으로는 충분하지 않아요. 잔인하게 들리겠지만, 그 일에 지갑을 열 사람이 많아야 해요. 남들 앞에서 노래하거나 춤추는 걸 좋아하는 사람은 많아요. 그러나 유명하지도 않은 가수의 노래를 찾아 듣거나 유튜브 같은 데서 소비할 사람은 많지 않아요. 그림을 잘 그리는 사람도, 축구를 잘하는 사람도 많아요. 그렇다고 그 그림을 선뜻 구매하겠다고 나서거나 프로 축구팀에서 계약을 제안하는 경우는 매우 드물 겁니다. 바다나 땅속 깊이 가라앉은 도시를 발굴하는 일도 많은 사람의 가슴을 두근거리게 만들지만, 실제 그 작업에 참여할 수 있는 일자리는 많지 않아요.

따라서 자신이 선택한 직업으로 생계를 유지할 수 있어야 합니다. 여러분이 정말 절실하게 원한다면 어떤 직업이든 선택할 수 있어요. 가수도, 축구선수도, 고고학자도 될 수 있죠. 다만 그 일을 하며 살아간다는 건 결코 만만하지 않다는 사실을 알고 있어야 해요.

'일할 자격'을 위한 직업교육

'일할 자격'이란 무엇일까요? 어떤 직업을 수행할 수 있는 지식과 기술을 갖추고 있다는 뜻이에요. 이러한 자격은 대부분 전문적인 교육을 통해 얻게 됩니다. 예를 들어 레온처럼 직업학교에서 자동차공학 기술을 배우거나, 엠마처럼 대학에서 의학을 전공한 뒤 저마다 자격시험을 통과하면 그 분야에서 일할 수 있는 거죠. 이후 엔 일터에서 경험을 쌓아가며 능력을 더욱 갈고닦습니다. 이걸 **숙련**이라고 해요. 진정한 전문가로 거듭나는 거죠. 이처럼 교육은 취업과 숙련의 기회를 제공합니다.

학교나 직장에서 전문적인 직업교육을 받지 못한 사람을 미숙련자라고 해요. 이들은 일하고 싶어도 직장을 구할 수 없는 실업자가 되거나 취업하더라도 오래 몸담지 못하는 경우가 많습니다. 과거엔 그렇지 않았어요. 30~40년 전에는 노동자의 대다수가 이렇다 할 직업교육을 받지 못한 채 입사했습니다. 미숙련자도 일자리를 구하기 쉬웠던 거죠. 그러나 기술이 발전하면서 이들이 담당하던 역할은 이제 기계가 대체하고 있습니다.

전공과 업종별로 다른 임금

직업교육은 급여, 즉 임금의 수준과도 직결됩니다. 독일에선 레온처럼 직업훈련생 과정을 마치거나 입사 후 수습 기간을 거친 사람의 임금이 그렇지 않은 경우보다 월평균 250유로(37만5000원) 더 많습니다. 그것도 세금을 공제한 실제 수령액으로요! 이후 '마이스터' 같은 전문 자격을 취득하면 추가로 매달 500유로를 더 받게 되죠. 대학교를 졸업한 학위 취득자의 임금은 더 높아요. 전문대 졸업자는 평균 1100유로를, 종합대학교 졸업자는 1700유로를 더 법니다. 전체적으로 대학 졸업자는 대학을 나오지 않은 노동자보다 처음 3년간 약 30퍼센트의 임금을 더 받는다고 해요.

물론 대학을 졸업하려면 수년간 적잖은 시간을 투자해야 합니다. 빠르도 20대 중·후반이 되어서야 학위를 받고 직장인이 되죠. 그런 반면 독일에선 직업학교를 나오면 16세부터 돈을 벌면서 독립할 수 있어요. 대학생이 직장인보다 자유로울 것 같지만, 그 시간을 마냥 여유롭게 보낼 수 없는 이유죠. 언제부터 돈을 벌지는 여러분 스스로 결정해야 해요.

대학에서 무엇을 공부했느냐에 따라서도 수입이 달라집니다. 컴퓨터과학, 공학, 법학, 의학, 경제학, 경영학 전공자들은 처음부터 높은 임금을 기대할 수 있어요. 언어학이나 인문학을 전공했다면 임금 수준이 상대적으로 낮습니다.

어떤 업종에서 일하는지도 중요해요. 업종이란 한데 묶을 수 있는 비슷한 범주의 사업을 뜻해요. 일테면 비료·농약, 의약품, 합성세제, 플라스틱, 합성섬유 등을 만드는 분야를 화학 업종이라고 합니다. 화학을 비롯해 자동차·기계·정보통신·금융 등의 업종에 종사하는 사람은 평균적으로 임금이 높은 편이에요.

임금 차이는 같은 업종 안에서도 찾아볼 수 있습니다. 호텔 레스토랑과 푸드 트럭은 모두 요식업이에요. 편의점과 전통시장 상점은 소매업, 은행과 보험사는 금융업에 속해요. 하지만 이들 업종 종사자들의 임금은 업체의 규모, 입지, 관련 자격증 취득 여부, 정규직이냐 계약직이냐† 등의 조건에 따라 임금 격차가 큰 편이에요.

이 밖에도 임금에 관여하는 변수는 많습니다. 일반적으로 대기업은 중소기업보다 임금이 높아요. 또 대도시의 노동자가 중소도시나 농어촌의 노동자보다 많이 받죠. 물론 숙련과 기술을 갖춘 사람이라면 전공이나 업종, 지역과 무관하게 고소득을 올릴 수 있습니다. 예컨대 독일에선 마이스터 자격을 가진 자영업자의 평균 수입이 대학을 나온 건축가보다 높게 나타나고 있어요.

✦ 근로 기간을 정해두지 않은 고용 형태를 정규직, 기간을 정해놓은 경우를 계약직이라고 합니다.

세금과 사회보험료

여러분도 나중에 취업할 때가 되면 사업자(노동자를 고용한 개인 또는 법인)와 **근로계약서**를 작성할 거예요. 얼마간 어떤 일을 하는 대가로 얼마큼의 임금을 지급한다는 약속이죠. 대부분의 기업은 매달 정해진 날짜에 정해진 금액을 여러분의 계좌로 입금해요. 그런데 계약서에 적힌 월급보다 적다고 해서 의아해하지 마세요. 여러분이 국가에 내야 할 돈을 미리 빼고 지급하기 때문이에요. 이걸 '공제'라고 합니다.

무엇이 공제될까요? 먼저 소득세, 즉 여러분이 벌어들인 임금에 대한 **세금**입니다. 초등학교 때 배운 납세의 의무를 비로소 이행하는 거죠. 사회보험료도 있어요. **사회보험**은 개개인에게 닥쳐올 미래의 위험에 맞서기 위해 사회 구성원 전체가 함께 돈을 모으는 제도예요. 흔히 4대보험이라고 하죠. 아플 때를 대비한 국민건강보험, 일자리를 잃었을 때를 대비한 고용보험, 일하다 다쳤을 때를 대비한 산업재해보험(산재보험), 그리고 은퇴 이후의 삶에 대비한 국민연금이 있어요.

사회보험은 근로계약을 맺은 노동자라면 의무적으로 가입해야 하고, 보험료도 만만찮아요. 그래서 사업자와 보험료를 절반씩 나눠 냅니다. 단, 산재보험은 사업자가 전액을 부담해요. 이런 안전장치가 없던 과거엔 노동자들의 상황이 굉장히 열악했어요.

　　정식으로 입사하지 않고 메메트처럼 알바나 부업을 한다면 어떨까요? 사회보험마다 조금씩 다르지만 대체로 일주일에 15시간 미만으로 일하거나, 근무 기간이 1개월이 안 된다면 사회보험에 가입하지 않아도 됩니다. 물론 그 이상 정기적으로 계속해서 일한다면 임금에 비례해서 소득세와 사회보험료를 내야 해요.

노동자를 보호하는 장치들

　실제 직장 생활은 어떻게 돌아갈까요? 여러분이 정규직 사원으로 입사했다면 대부분 수습 기간을 거칠 거예요. 직장 업무나 동료들과 잘 맞는지 알아보는 시간이죠. 그 기간이 끝나면 여러분의 자리는 꽤 안전하다고 봐도 좋아요. 수습을 마친 노동자는 정당한 이유 없이 해고하지 못하도록 법이 보호하거든요. 독일의 해고제한법은 직원이 10인 이상인 모든 기업에, 한국의 근로기준법은 직원이 5인 이상인 기업에 이런 규정을 적용합니다. 예외는 있어요. 직원을 줄이면 안 될 정도로 경영 상황이 나쁜 경우라면 말이죠. 물론 이때도 기업은 해고를 피하려고 노력해야 한다는 조건이 붙어요.

이외에도 노동자를 보호하는 많은 규정이 존재합니다. 노동자에겐 사업자나 상사로부터 부당한 대우를 받지 않을 권리가 있어요. 또한 기업은 직원의 건강을 보호하고 쾌적한 작업장을 유지할 의무가 있죠. 노동자와 사업자 사이(노사 관계)에 다툼이 생기면 독일에서는 노동법원에서 조정하고 해결합니다. 한국에서는 고용노동부 산하의 각 지역 노동위원회와 법원이 같은 역할을 맡아요.

임금은 어떨까요? 노동자는 얼마를 받을지 사업자 또는 기업의 경영 담당자와 협상합니다. 업계에서 원하는 능력이나 자격을 갖춘 사람이면 유리하겠죠. 서로 데려가려고 여러 기업이 경쟁하는 경우도 있어요. 그러나 대부분의 임금협상은 노동자에게 불리합니다. 많은 기업이 어느 정도의 임금을 줄 의향이 있는지 먼저 밝히지 않아요. 노동자는 회사가 이익을 얼마나 내는지, 직원이 얼마나 더 필요한지도 모르는 경우가 많습니다. 이것을 **정보의 비대칭성**이라고 불러요. 기업이 노동자보다 더 많이 알고 있는 거죠.

노동조합(노조)은 이런 정보의 비대칭성을 해소하는 데 도움을 줍니다. 노동조합은 노동자들이 스스로 조직한 단체예요. 직원들을 대표해 기업과 임금협상에 나서고, 업무 환경 개선을 요구하기도 하죠. 사측이 비협조적으로 나온다면 다 함께 작업을 중지하기도 하는데, 이걸 '파업'이라고 해요. 조합원이 많을수록 협상력이 올라가기에 개별 기업의 노동조합들이 특정 산업이나 지역별로 뭉치기도 합니다. 이를테면 자동차·선박·철강 분야의 노조가 모두 연합해 금속산업 노동조합을 꾸리는 거죠. 독일에선 이런 형태의 노동조합과 이들이 주도하는 노사 협상이 보편화되어 있습니다.

독일엔 노동조합과 별개로 '노동자평의회'라는 조직이 있어요. 직원들이 직접 선출한 대표들로 구성되어 노동자의 이익을 대변하죠. 노동자평의회는 기업의 각종 정보에 접근할 권한을 갖고, 주요 의사결정에도 참여할 수 있습니다. 특히 채용이나 해고를 위해서는 노동자평의회의 동의가 있어야 해요.

정보의 비대칭성은 노사 관계 바깥에서도, 예컨대 소비자와 생산자 간에도 발생해요. 메메트는 점찍어둔 스마트폰의 생산 비용이 얼마인지, 따라서 내가 지불하는 돈이 적정 가격이 맞는지 알 수 없습니다. 스마트폰 제조사가 해당 정보를 공개하지 않기 때문이죠. 그렇다면 메메트와 같은 소비자는 어디에다 도움을 청해야 할까요? 독일과 한국에서는 상품과 서비스를 선택하는 데 필요한 지식·정보를 제공받을 권리를 법으로 보장하고 있고, 이를 위해 연방소비자보호부·한국소비자원 등의 기관이 설립되어 소비자 민원과 피해 구제를 담당하고 있습니다.

여성은 왜 더 적게 벌까요?

여성은 대개 남성에 비해 소득이 적습니다. 이것을 **성별 임금격차**라고 해요. 성별이 아니라 교육 수준의 차이 아니냐고요? 그렇다고 보기엔 비슷한 교육을 받은 전문직도 마찬가지예요. 여성 의사의 평균소득은 남성 의사의 70퍼센트에 불과하니까요.[3] 진짜 이유는 따로 있어요.

　먼저 육아로 인한 '경력단절'이에요. 많이 나아졌다지만 일하는 부모를 대신해 아이를 돌봐주는 정책이나 서비스는 여전히 부족해요. 결국 부모 중 한 사람이 일을 중단하고 육아를 전담하는 경우가 많고, 그 역할은 대부분 여성에게 돌아갑니다. 아이들이 자란 후에 다시 직장으로 돌아가는 것은 쉽지 않아요. 함께 입사한 동료들은 몇 년 사이에 더 높은 직급에서 더 많은 임금을 받으며 일하고 있죠. 휴직하면서 업무 능력이 떨어졌을 거라고 보는 의심의 눈초리도 적잖아요. 결국 많은 엄마들이 직장으로 복귀하지 않거나, 적응에 실패하고 그만두게 됩니다. 이런 경력단절을 경험한 여성이 다시 제대로 된 직장을 구하긴 힘들어요. 대부분 파트타임(주당 36시간 이하) 일자리를 전전하게 되죠.

　육아 부담이 없는 여성에게도 장벽은 있습니다. 기업이나 정부기관의 고위직 통계를 보면 남성의 비율이 압도적으로 높아요.[4] 과연 남성의 능력이 모든 면에서 여성보다 우월해서일까요? 그렇지는 않겠죠. 이런 현상의 이면에는 충분한 능력이 있음에도 단지 여성이라는 이유로 낮잡아 보는 편견이 존재합니다. 이를 **유리천장**이라고 해요. 눈에 보이지 않지만 여성의 성취를 제한하는 문화를 뜻합니다.

이런 문화를 없애려면 차별을 막는 법과 제도가 더 탄탄해야 합니다. 예컨대 교사들 사이에선 성별 임금격차가 없습니다. 육아 휴직 후 직장으로 돌아오는 데도 별다른 장벽이 없습니다. 정부가 동등한 임금, 그리고 휴직자의 자리를 보장하기 때문이죠.

정치권에서도 노력하고 있어요. 차별금지제도, 출산·육아기 노동자지원제도 같은 것들이죠. 국회의원과 고위공직자, 기업 임원직에 여성의 참여 비율을 의무화하는 제도도 시행되고 있습니다. 성별 임금격차를 줄이고 유리천장을 깨기 위한 노력이죠. 물론 아직 갈 길이 멀어요.

늘 같은 일만 해야 할까요?

직업 세계는 하루가 다르게 변하고 있습니다. 이미 전 세계 노동량

의 3분의 1을 기계가 처리하고 있죠. 머지않아 사람의 일자리 대부분을 인공지능(AI)과 로봇이 대체하리라는 예측에 반박하기는 어려워요.[5]

인공지능이 넘볼 수 없다고 평가받아온 전문가의 영역도 예외가 아니에요. 법률·의료 분야에 인공지능 기술이 도입되고 있죠. 아직은 변호사와 의사의 업무를 보조하는 정도지만, 점차 역할을 늘려가며 법률 상담과 진료의 영역을 넘보고 있습니다.

그렇다면 사람은 필요 없는 존재가 될까요? 그렇지 않아요. 질 좋은 교육과 훈련으로 갈고닦은 능력의 가치는 여전할 거라는 전망도 함께하니까요. 따라서 우리는 새로운 흐름에 적응하되, 그 흐름에 휘둘리지 않는 자신만의 영역을 만들어나가야 합니다.

업무가 적성에 맞지 않는다는 걸 나중에서야 깨닫는다면 시간을 낭비한 게 아니냐고요? 그렇지 않아요! 그때까지 직장 생활을 하며 쌓은 경험은 귀중한 재산이에요. 선택지는 많습니다. 담당 부서를 바꿀 수도 있고, 아예 직장을 옮겨 새로운 걸 시도해볼 수도 있어요.

저희 아버지는 법학을 공부했어요. 그중에서도 세법, 즉 세금에 관한 법률을 전공했죠. 처음엔 세무서에서 세금 신고 업무를 담당했고, 그다음엔 세무 공무원을 가르치는 일을 했어요. 나중엔 한 세무서의 책임자가 되었습니다. 직업은 국가 공무원이었지만 실제로는 서로 다른 세 가지의 일을 한 셈이죠. 아버지는 늘 앞서의 경험이 그다음 직무를 수행하는 데 큰 도움이 되었다고 말씀하셨어요.

인생은 정해진 길이 아닙니다. 여러분도 여러 차례 선택의 순간을 맞이할 거예요. 저는 언젠가 벽난로 세일즈맨 슈나이더 씨를 인터뷰한 적이 있습니다. 그는 어려서부터 선원으로 일했어요. 그러나 한 여성과 사랑에 빠지면서 뱃일을 그만두었죠. 연인을 두고서 망망대해를 떠돌 순 없었으니까요.
육지로 올라온 그는 한동안 사무직으로 일했지만 그곳 생활은 따분하기만 했습니다. 그러던 어느 날 벼룩시장에서 물건을 흥정하는 일에 재미를 느꼈죠. 그 뒤 이런저런 상품을 취급하던 그는 특히 집안에 온기를 불어넣는 벽난로를 파는 일에 남다른 능력을 드러냈습니다. 마침내 자기에게 딱 맞는 일, '천직'을 찾은 거예요. 70세가 넘어서도 열정적인 벽난로 세일즈맨이던 그는 이렇게 말했어요. "즐겁지 않은 일이라면 하지 말아야 해요."

슈나이더 씨의 조언은 귀담을 만합니다. 즐거움은 직업 선택에서 빼놓을 수 없는 조건이니까요. 물론 그는 운이 좋은 경우예

요. 의사나 변호사가 되고 싶었다면 대학 입시부터 다시 준비해야
했을 테니까요. 서른이나 마흔 살 넘어서 돈을 벌지 않은 채 몇 년
간 대학 공부를 한다는 건 굉장히 어려운 선택이에요. 더군다나 먹
여 살려야 할 가족이 있다면 말이죠. 게다가 늦은 나이에 새롭게
도전하는 사람의 채용을 꺼리는 문화도 남아 있어요. 직장을 옮기
거나 직업을 바꾸기 전에 어떤 자격이 필요한지 차근차근 따져보
고 준비하는 게 좋습니다.

　　제 친구 하나는 30대 중반에 기자 생활을 그만두었답니
다. 그러고는 교사가 되기 위해 다시 사범대학에 들어갔습니
다. 두 아이가 있었지만 다행히 남편도 일을 하고 있던 터라,
좀 쪼들리긴 해도 생계가 막힐 걱정은 없었죠. 교원임용시험
은 어려운 경쟁이지만 성별이나 나이에 차별을 두진 않아요.
몇 년간 노력한 끝에 친구는 시험을 통과했고, 머잖아 집 근
처 중학교에 일자리를 얻었어요.

　　어렵다고 해서 도전을 피하지는 마세요. 입사해서 정년퇴직
할 때까지 한곳에서 근무하는 '평생직장'은 옛말이 된 지 오래예
요. 여러분은 지금의 어른들보다 더 많은 직업을 경험하게 될 거예

요. 정부에서도 창업이나 전업을 돕는 프로그램을 운영하고 있습니다.

$$f(\omega) = \int_{-\infty}^{\infty} f(x) e^{-2\pi i x \omega} \, dx \quad \frac{dt}{d}$$

$$\rho \left(\frac{\partial v}{\partial t} + v \cdot \nabla v \right) = -\nabla p + \nabla \cdot T$$

$$H = -\sum p(x) \, l$$

$$\frac{1}{2} \sigma^2 S^2 \frac{\partial^2 V}{\partial S^2} + r S \frac{\partial V}{\partial S} + \frac{\partial V}{\partial t} - r$$

$$C(Q, q_i, m_i) = \sum_{i=1}^{n} \left[\frac{D_i}{m_i q_i} S_i \right.$$

$$5\gamma^2)$$

$$\frac{d \Delta_F}{a}$$

$$\frac{d \Delta N}{c}$$

$$\Delta P \, \mathcal{L} t^{\frac{1}{2}}$$

$$\int_{0}^{\frac{1}{2}} (\log \sin x)^2 \, dx$$

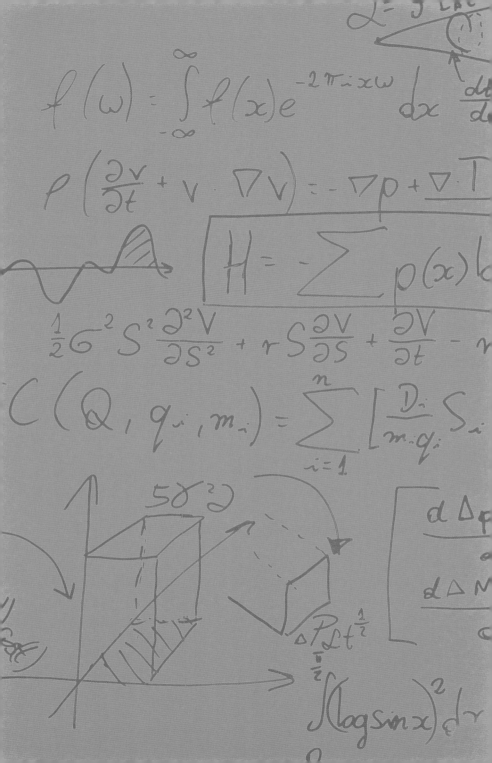

3

시장:
기업과 소비자가
만나는 곳

도전하는 젊은 창업자들

　　청년 기업가 카이 란츠는 친구들과 함께 크리젠챗(Kris-enchat)이라는 상담 서비스 회사를 창업했습니다. 크리젠(kris-en)은 독일어로 '위기'를 의미해요. 세계 어디나 그렇듯, 독일에도 고민하고 방황하는 25세 미만 청년·청소년이 많습니다. 이들을 위해 심리학자와 상담심리사, 청소년상담사가 자원봉사에 나섰어요. "서비스 개설 첫날부터 자해 위험에 처한 한 친구를 구출했어요." 인터뷰에 응한 카이 란츠의 어투엔 사무적이지만 자부심이 깃들어 있었죠.

다소 독특해 보이지만 크리젠챗 역시 기업이에요. 전 세계의 기업에는 공통점이 있어요. 사람들의 다양한 필요를 채워준다는 거죠. 위기 상황에서 청하는 도움, 여가시간을 함께하는 자전거, 친구들끼리 일상을 공유하는 소셜 미디어 공간, 제니가 만들고픈 비건 피자… 물론 욕구를 충족시켜준다는 게 꼭 좋은 일만은 아니에요. 담배를 비롯한 몇몇 제품은 건강에 아주 해로우니까요. 어떻든 기업은 우리의 욕구와 필요를 해결해주는 대가로 돈을 법니다. 셀 수 없이 많은 기업이 셀 수 없이 많은 상품과 서비스를 내놓습니다. 돈만 내면 무엇이든 누릴 수 있어요. 현기증이 날 때까지 말이죠.

기업은 현대 경제 시스템의 중심이에요. 독일과 한국엔 각각 수백만 개가 넘는 기업이 존재합니다. 종류도 다양해요. 누가 세우고 운영하느냐에 따라 민간기업(사기업)과 공공기업(공기업)으로 구별하죠. 규모를 기준으로 대기업과 중소기업으로 나누기도 합니다. 사회 전체의 필요를 충족하기 위해 설립된 공기업은 철도, 수도, 우편 등 많은 돈이 들지만 없어서는 안 될 공공서비스를 시민들에게 제공합니다.

반면 대부분의 민간기업은 **이윤**을 추구해요. 이윤이 뭘까요? 쉽게 말해 상품 생산이나 서비스 제공에 들어간 비용보다 많은 돈을 벌어들이는 거예요. 따라서 이윤 추구는 나쁜 게 아닙니다. 자영업자 입장에선 이윤이 곧 일한 대가이기도 해요. 노동자가 매달 정해진 급여를 받는 것과 마찬가지죠. 그런데 기업을 세우고 경영하는 사람들, 즉 기업가의 목표는 돈만이 아니에요. 어떤 사람들에겐 뭔가 새로운 걸 만들어내고 싶은 열망이 있습니다. 바로 그 열망이 창업에 나서는 동력이 되곤 하죠.

　　카이 란츠는 열다섯 살 무렵부터 창업을 꿈꿨습니다. 기업가는 모험가이기도 해요. 기업의 성패에 따라 어마어마한 수익을 거둘 수도, 반대로 한 푼도 못 건질 수도 있는 직업이죠. 세계적 기업 컨설팅 회사인 보스턴컨설팅그룹(BCG)이 개최한 청년창업대회에 참가한 란츠는 친구들과 함께 창업 아이템을 고민했습니다. 그러다 학교 괴롭힘 문제를 떠올렸죠. "학창 시절부터 그 문제에 관심이 있었어요." 카이는 베를린의 한 인문계 고등학교 출신이에요. 그곳에서 학교 폭력과 따돌림을 적잖이 목격했죠. 카이 일행은 괴롭힘 당하는 학생들을 돕는 기업을 만들고 싶었습니다. 하지만 어떻게? 아이디어가 무르익기까지는 1~2년의 시간이 더 필요했어요.

　　기업이란 무엇일까요? 기업은 이윤을 얻기 위해 상품을 만들어 팔거나 서비스를 제공하는 경제의 주체입니다. 흔히 '회사'라고도 하지만 정확하게 말해 회사는 기업의 한 형태예요. 기업은 크게 **개인기업**과 **회사기업**으로 나뉩니다. 개인기업은 대표자 한 사람이 모든 걸 책임지는 개인사업, 즉 자영업을 가리켜요. 따라서 제니가 구상하는 비건 피자 가게는 개인기업이지 회사는 아니에요.

그런데 피자 가게의 규모가 커져서 동업자나 투자자를 모집해 '제니의 비건 피자'라는 프랜차이즈 기업을 만들어요. 이때 '제니의 비건 피자'가 바로 회사기업입니다. 회사기업은 법인기업이라고도 해요. '법인'이 뭘까요? 자연인, 다시 말해 살아 있는 사람은 아니지만 사람처럼 법적 권리와 의무를 갖는 단체나 조직을 뜻해요. 회사기업으로 전환한 이후에는 자연인 제니가 아닌 '제니의 비건 피자'라는 법인이 경제활동의 주체가 되는 거죠.

이런 회사기업, 줄여서 회사는 그 소유와 책임의 정도에 따라 다시 몇 개로 구분되는데요. 대표적인 게 바로 **주식회사**입니다. 주식을 발행해 회사의 자본(자금)을 충당하고, 가장 많은 주식을 가진 대주주에게 회사를 경영할 권리를 주는 형태에요. 주식과 주식회사에 대해선 뒤에서 좀 더 상세히 이야기해보도록 해요.

참고삼아 기업의 형태를 더 자세히 정리해봤습니다. 너무 어려워 보인다면 건너뛰어도 좋아요.

기업의 형태

제니의 할머니는 가구 공방을 차렸어요. 할머니의 남다른 솜씨 덕분에 공방은 빠르게 번창했어요. 손이 모자랐던 할머니는 친구에게 동업을 제안했고, 두 사람은 함께 회사를 세웁니다. 공방이 개인기업에서 회사로 바뀐 거죠. 앞서 회사에도 몇 가지 종류가 있다고 했죠? 이렇게 둘 이상의 동업자가 세운 기업을 '합명회사', 또는 '합자회사'라고 합니다. 대체로 규모가 작은 소기업이 많습니다.

그런데 잘나가던 공방은 야심차게 만든 가구 세트가 손님들의 외면을 받으며 위기를 맞았어요. 물건은 안 팔리는데 원자재를 납품한 거래처는 대금 결제를 요구했죠. 은행에서도 회사를 차릴 때 빌려간 대출금을 갚으라고 독촉했습니다.

개인기업을 운영하는 개인사업자(자영업자)나 합명회사의 대표자는 기업을 운영하며 생긴 문제나 부채(빚)에 대해 회사 재산뿐만 아니라 개인 재산으로도 책임을 져야 해요. 이걸 '무한책임'이라고 합니다. 책임에 한계가 없으니 사업이 잘못되면 아무것도 남지 않을 수 있죠. 사업이 부진하던 해에 제니의 할머니는 저축해둔 돈의 절반을 회사를 유지하는 데 써야 했답니다.

개인의 책임을 일정하게 제한하고 싶은 기업가라면 주식회사나 '유한회사', 혹은 '유한책임회사'를 설립해요. 이들 기업의 대표자나 주주(주식 소유자)는 문제가 생겨도 본인이 가진 주식만큼만 책임을 집니다. '유한책임'이라고 하죠. 보통 중간 규모 이상의 기업이 이런 형태를 취해요.

사업을 꿈꾼다면

카이 란츠가 만든 크리젠챗은 서비스 기업이에요. 앞서 메메트가 구상한 학습지원 애플리케이션도 서비스업에 속하죠. **서비스업**은 눈에 보이는 상품을 만들어내진 않지만 어떤 편의를 제공함으로써 가치를 만들어내는 산업이에요.

이에 견줘 손에 잡히는 무언가를 생산하는 산업을 **제조업**이라고 해요. 생산은 대부분 공장에서 이뤄지기에 공업이라고도 하죠. 제니가 준비하는 비건 피자 사업도 제조업, 정확히는 식품제조업이에요. 제니는 학교를 졸업하는 대로 관련 요식업체에 취직해 그 일이 적성에 맞는지 알아볼 생각이에요. 나폴리식, 로마식, 시카고식… 모든 피자를 좋아하는 제니지만 사업 아이템으로는 식물성 재료만 사용한 비건 피자를 만들고 싶어요. 전 세계 사람들이 독일인처럼 고기를 먹어대면 지구가 망가질 거라고 믿기 때문이죠.

사업가는 여러 가지 일을 할 줄 알아야 해요. 제니도 숙모가 오랫동안 경영한 고급 식당에 실습을 나간 적이 있어요. 그곳에서 정해진 시간 안에 음식을 조리하는 법과 친절하지만은 않은 손님에게 늘 친절히 대하는 요령을 익혔죠.

상호, 즉 기업명도 정해야 해요. 모든 창업자들이 자녀의 이름을 짓듯 고민하는 단계죠. 제니는 일단 '피자 딜라이트'로 정했어요. 맛있고(delicious) 가벼운(light) 피자로 고객에게 기쁨(delight)을 선사한다는 의미입니다. 제니의 숙모는 멋들어진 이름이라면서도 같은 상호를 사용하는 다른 업체가 없는지 알아보라고 조언했어요. 웬걸요! 인터넷을 찾아보니 '피자 딜라이트'라는 업체가 있는 게 아니겠어요. 1968년에 캐나다에서 설립된 피자 체인점이라고 해요. 이 상호가 캐나다 바깥, 그러니까 독일에서도 법적 보호를 받는지는 더 알아보아야 해요. 이름에도 권리가 있거든요.

소유권은 왜 중요할까요?

개인이나 법인은 사유재산, 즉 자신이 가진 물건과 돈을 자유롭게 사용·처분할 수 있어요. 이런 권리를 재산권, 좀 더 넓게는 소유권이라고 해요. 만약 소유권이 없거나 인정되지 않는다면 어떻게 될까요?

제니가 시간과 기술을 들여 만든 피자를 누군가가 공짜로 가져가는 건 부당해요. 매번 이런다면 제니는 먹고살지 못하겠죠. 소유권이 중요한 까닭이에요. 그렇다면 모두가 재산을 공유하면 어떨까요? 내 것이니 네 것이니 따질 필요가 없다면 다툼도 사라지지 않을까요?

두 명의 농부가 공동으로 밭을 소유하고 있습니다. 그런데 한 명은 옥수수 씨를 뿌리고 애써 기르는데 다른 농부가 다 자란 옥수수를 수확해 가버리면 어떻게 될까요? 자기 밭에서 자란 옥수수라고 그렇게 해도 될까요? 아니죠. 불공평할뿐더러 아무도 옥수수 씨를 뿌리지 않게 되고, 결국 그 밭엔 아무것도 자라지 않을 겁니다.

그럼 공평하게 농부들이 한 사람씩 교대로 농사를 짓고 각자의 수확물을 가져가면 문제가 없을까요? 그것도 아닐 거예요. 먼저 농사를 짓는 농부는 최대한 많은 옥수수를 수확하기 위해 비료를 대량으로 사용하고 싶을 거예요. 그게 토양을 메마르게 하고 다음 농부의 몫을 줄인다는 것을 알면서도 말이죠. 다음 농부도 마찬가지 마음일 겁니다. 결국 이 방식도 모두에게 손해가 될 거예요. 공동소유의 재산이라도 각자의 권리와 의무 관계를 명확하게 정해야 하는 이유입니다.

옥수수 밭 농부들의 행동은 남에게 피해를 입히고 공동 재산을 위태롭게 만들어요. 뒤에서 다루겠지만 인류의 이런 습성은 기후변화의 주요 원인이기도 해요. 물론 서로를 배려하고 양보하면 좋겠지만 안타깝게도 인류 역사에는 그 반대의 사례가 더 많아요. 2500년 전에 공동 재산의 맹점을 간파한 철학자 아리스토텔레스는 이런 말을 남겼어요. "가장 많은 이들이 공동으로 소유한 재산일수록 가장 신경을 덜 쓰게 된다."

그렇다고 해도 피자 이름에까지 소유권이 필요한 까닭이 뭘까요? 제니의 '피자 딜라이트'가 성공을 거두면서 전 유럽에 지점을 가진 프랜차이즈 기업이 되었다고 가정해보죠. 상호권, 즉 가게 이름에 소유권이 없다면 누구든 같은 상호로 가게를 열 수 있어요. 사람들은 그곳을 제니의 피자 딜라이트라고 믿고 피자를 주문할 겁니다. 이건 사람들을 속이는 동시에 제니와 투자자들이 이뤄놓은 성공에 무임승차하는 행위예요. 그뿐만 아니라 가짜 가게가 돈을 아끼려고 저질 재료를 사용하다가 고객들이 탈이라도 나면요? 양심적으로 장사해온 피자 딜라이트 가맹점 모두가 타격을 입게 될 거예요.

이처럼 소유권은 경제활동의 핵심이에요. 그렇지만 부득이하게 소유권을 제한해야 하는 경우도 있습니다. 예컨대 수천 년을 이어져 내려온 노예제, 즉 사람이 사람을 소유하는 제도는 다시 존재해선 안 될 끔찍한 역사예요. 만약 전국의 모든 땅이 사유지고, 땅 주인들이 모든 길에 통행세를 물린다면 어떻게 될까요? 모두가 자유롭게 이용해온 공원과 녹지에 입장료가 생긴다면 우리의 삶은 얼마나 팍팍할까요? 이렇듯 구성원 모두의 이익과 최소한의 인간다운 삶을 저해하는 소유권 행사는 특별히 제한될 수 있습니다.

아이디어에서 성공까지

제니가 그랬듯 사업 아이디어는 일상에서 떠오르는 경우가 많아요. 무엇이 부족할까? 부족하지 않더라도 바꾸면 좋은 건 없을까? 제니는 주변에 건강에 좋은 음식을 파는 곳이 별로 없다고 생각했어요.

제니는 기업가가 될 수 있을까요? 아이디어가 사업이 되기 위해선 더 많은 절차와 노력이 필요합니다. 제니가 롤모델로 삼고 있는 카이 란츠는 청년창업대회에서 많은 정보를 얻었어요. 이윤을 계산하는 법도 그곳에서 배웠죠. 사업 자금을 대출받는 것도 보통 일이 아니에요. 금액이 크든 작든 은행에선 온갖 서류를 요구하거든요.

창업자들은 종종 낯선 도시나 외국에서 영감을 얻습니다. 독일의 스무디 업체 트루 프루츠(true fruits)의 시작도 그랬습니다. 이 기업의 설립자들은 유학 중이던 스코틀랜드의 어느 가게에서 으깬 과일을 유리병에 담아 파는 모습을 보았습니다. 독일로 돌아온 그들은 과일과 얼음을 함께 갈아 만든 음료인 스무디를 세상에 내놓았고, 큰 성공을 거두었죠.

에산 다리아니는 2005년 친구들과 함께 소셜 미디어 스터디파우체트(StudiVZ)를 만들었습니다. 당시 서비스를 시작한 지 얼마 안 된 페이스북에서 아이디어를 얻은 사업이었어요. 스터디파우체트는 독일에서 선풍적인 인기를 끌었고, 머잖아 한 미디어 기업에 인수되었습니다. 그 대가로 다리아니가 벌어들인 돈은 수백억 원에 달해요.

페이스북을 흉내 낸 것에 불과하다는 비판에 다리아니는 일리 있는 지적이라면서도 이렇게 대꾸합니다. "완전히 새로운 아이디어는 없다고 생각해요. 계속 발전해나갈 뿐이죠. 자동차를 발명한 기업은 벤츠입니다. 그렇다고 뒤에 등장한 비엠더블유와 포르쉐를 폄훼할 순 없어요."

아이디어보다는 그걸로 무엇을 만들어내느냐가 더 중요하다는 뜻입니다. 비슷한 아이디어를 가진 경쟁자가 많았지만 다리아니는 자신이 그들보다 창의적이었다고 생각해요. 사실 아이디어 자체는 경제가 아니에요. 어떤 아이디어든 좋은 상품·서비스로 발전시켜 고객에게 제공하는 것이 경제입니다. 따라서 생각을 모방하는 건 문제가 안 돼요. 법적으로 보호받는 아이디어, 즉 특허권을 훔친 게 아니라면 말이죠. '엔진의 힘으로 바퀴를 굴려 움직이는 교통수단'은 너무나도 보편적이기에 벤츠는 자신을 흉내 낸 다른 자동차 기업을 문제 삼을 수는 없습니다. 물론 벤츠가 특허를 가진 엔진을 그대로 복제한다면 얘기가 다르겠지만요.

　　세상에 필요한 서비스를 개발하기 위한 카이 란츠의 첫 아이디어는 학내 괴롭힘 문제에 관심을 불러 모으는 것이었습니다. 그러나 막상 학교를 통해서는 피해자와 접촉하기가 힘들다는 걸 깨달았죠. "잠재적 사이트 이용자와 이야기를 나누며 우리 아이디어를 시험해보고 싶었는데, 그러지 못했죠." 2020년 봄, 코로나 팬데믹으로 학교가 문을 닫자 카이와 친구들의 아이디어는 다시 벽에 부딪혔어요.
그런 상황에서 온라인 채팅으로 방향을 전환한 게 '크리젠챗'입니다. 드디어 콘셉트를 제대로 잡은 거죠. "채팅은 젊은이들이 이용하는 미디어예요. 때와 장소에 구애받지 않죠. 크리젠챗도 문을 닫지 않습니다. 밤 10시나 새벽 2시에도 문제는 생기기 마련이니까요."

외로움, 연애 문제, 두려움, 불안, 자살 충동… 청소년들의 고민과 위기는 끝이 없습니다. 그럼에도 정작 믿을 만한 심리상담사를 찾아가기는 쉽지 않습니다. 상담을 결심하고도 몇 달씩 기다리는 경우도 많죠. 크리젠챗은 이런 문제에서 자유롭습니다. 각 분야의 전문가들이 나서서 신속한 상담을 제공하니까요. 필요하다면 병원 치료와 같은 장기적인 해결책도 제시해주죠. 그래서 한 번 인연을 맺은 사람들이 계속해서 크리젠챗을 찾는 재이용률이 높다고 해요.

제니가 피자 사업을 시작해요

졸업과 함께 사업을 구체화한 제니는 질문을 던집니다. 경쟁자는 누구일까? '제니의 비건 피자'만의 특징은 무엇일까? 마침 제니가 사는 지역엔 피자집이 없어요. 빵집이 있지만 갓 구운 따뜻한 빵은 팔지 않죠. 채식주의자를 위한 식료품점도 찾을 수 없습니다. 간편식 식당에서 내놓는 것도 소시지로 가득한 샌드위치뿐이죠. 한마디로 몸에 좋은 음식을 찾기 힘들어요. 건강식! 드디어 방향을 정한 제니는 사이드 메뉴에 샐러드를 추가할 생각이에요.

제니의 질문은 점점 핵심으로 향합니다. 비건 피자의 고객은 누구일까? 피자를 좋아하면서 근방에 살거나 오가는 모든 사람들일 거예요. 그들에게 피자를 어떻게 제공할까? 제대로 된 식당을 차리자니 임대료가 너무 비싸죠. 제니는 푸드 트럭을 떠올렸어요! 그때그때 이동 판매가 쉽고 행사장에서도 음식을 만들 수 있으니까요.

푸드 트럭은 출근 시간대부터 퇴근 무렵까지 직장인에게 간편한 요기를 제공한다는 제니의 판매 전략과도 맞아 떨어져요. 제니는 사무실이 밀집한 지역들을 살피며 목이 좋은 곳을 알아내려고 해요. 요즘은 재택근무가 늘고 있으니까 주택 지역도 빼놓을 수 없겠죠. 그나저나 푸드 트럭을 몰고 다니려면 운전면허부터 따야 한답니다.

이제 피자를 구워낼 화덕이 딸린 푸드 트럭과 집기를 알아볼 차례예요. 새것을 장만하고 싶지만 저렴한 중고품도 나쁘지 않답니다. 물론 맘에 드는 물건을 찾으려면 발품을 팔아야겠죠. 피자 재료는 어디에서 구입할까요? 마케팅도 생각해야 해요. 남들이 다 하는 전단지 제작이나 배달앱 광고도 좋겠지만 개성 있는 광고 카피를 만들어 소셜 미디어에 홍보하는 건 어떨까요?

사업 자금은 어떻게 구해야 할까요? 운이 좋게도 제니에겐 할머니 할아버지가 물려주신 2만 유로(3000만 원)가 있습니다. 무척 큰돈이지만 사업을 시작하기에는 부족한 액수죠. 우선은 부모님께 부탁해보겠지만 아마 은행에서 대출을 받아야 할지도 몰라요. 푸드 트럭과 집기 구입비뿐만 아니라 식재료비와 연료비, 전기요금 같은 고정 비용(이런 경비를 '경상비'라고 해요)도 만만찮게 들 테니까요. 여기에 예상치 못한 상황에 대비한 준비금도 있어야 해요(경제학에선 이렇게 만약에 대비하는 걸 '유동성을 마련한다'라고 표현해요). 가령 트럭이 고장 나거나 밀가루와 토마토 가격이 급등했을 때 버텨낼 여력이 없다면 사업을 이어가기 힘들 테니까요.

푸드 트럭 하나 시작하는 데 준비하고 신경 쓸 게 산더미죠? 그런데 이건 여러분이 게임기나 장난감을 중고로 팔면서 겪는 과정과 비슷해요. 판매할 물건을 선택하고 비슷한 물건들 사이에서 돋보이게끔 광고 글을 쓰고, 가격을 매기는 일들이죠.

푸드 트럭까지 장만한 제니에겐 이제 몇 가지 행정절차가 남았습니다. 다음 페이지의 글상자에 정리해봤어요. 창업에 큰 관심이 없는 친구들이라면 건너뛰어도 좋아요.

창업에 필요한 절차

창업을 결심했다면 '사업자등록'을 해야 합니다. 사업으로 번 돈에 대한 세금(사업소득세와 부가가치세)을 납부하기 위한 절차죠. 세무서에서 신청할 수 있는데 점차 온라인 등록이 늘어나는 추세예요.

제니 같은 청소년 창업자는 부모나 보호자의 동의서가 필요합니다. 사업자등록 없이 장사를 하다가 적발되면 가산세를 물어야 해요. 제니처럼 푸드 트럭을 이용한 사업이라면 '음식판매자동차 영업 신고'를 해야 합니다. 여기에는 우선 음식점 영업 허가에 필요한 서류, 즉 건강진단결과서(보건증)와 위생필증이 필요해요. 보건증은 보건소에서, 위생필증은 해당 기관에서 시행하는 위생교육을 이수한 뒤 발급받을 수 있습니다. 그 밖에 자동차등록증과 음식 조리에 필요한 LPG 안전검사 승인서, 지방자치단체와 맺은 영업지역 계약서 등을 갖추고 시군구청을 방문하면 됩니다.

이런 절차는 대부분 소비자를 보호하기 위한 장치예요. 영업 허가가 철저한 사회일수록 음식을 사 먹고 탈이 날 위험이 줄어듭니다. 저만 해도 독일에선 식당 음식으로 문제를 겪은 적이 없지만, 몇몇 나라에선 곧잘 배탈을 경험하곤 했답니다.

푸드 트럭 역시 산재보험에 가입해야 해요. 예상치 못한 안전사고로 생길 제니와 직원의 피해에 대비하는 거죠. 영업신고와 사업자등록을 마쳤다면 장사를 시작해도 좋아요. 물론 교육받은 대로 위생 규정을 잘 지키고, 벌어들인 돈에 따른 세금을 성실하게 납부해야겠죠.

제니가 심호흡을 합니다. 이렇게까지 복잡할 줄은 몰랐겠죠. 그렇지만 부딪혀보겠다고 다짐합니다. 자신의 아이디어를 믿기 때문이죠. 이제 손익계산에 나설 차례입니다. 식재료, 연료, 대출 이자, 광고에 들어갈 비용과 생활비까지 모든 지출을 합산해보는 거예요. 손해를 보지 않으려면 매일 얼마를 벌어야 하는지 따져본 후, 제니는 영업신고와 사업자등록을 마쳤습니다. 상호는 '제니의 피자트럭'으로 정했어요. 캐나다 기업 '피자 딜라이트'와의 불필요한 분쟁을 피하고도 싶었고, 무엇보다 푸드 트럭이라는 콘셉트를 부각해야 한다는 판단이 들었답니다.

창업 초기의 난관

제니가 그랬듯 모든 기업은 손익계산을 합니다. 적자, 즉 수입이 지출보다 적으면 그 사업은 장기적으로는 희망이 없어요. 물론 자리를 잡기 전까지는 어느 정도 적자를 감수하죠. 제품이나 서비스를 개발하는 동안엔 이렇다 할 수입을 기대할 수 없으니까요. 따라서 수익을 낼 때까지 버틸 수 있는 경제적 체력, 즉 충분한 자본금이 필요합니다.

'스타트업(startup)'이란 말을 들어봤을 거예요. 자본금은 부족하지만 창의적인 사업 아이디어나 기술을 갖춘, 그래서 성장이 기대되는 신생 기업을 가리켜요. '벤처기업'이라고도 하죠. 성공을 꿈꾸는 스타트업은 대부분 외부의 투자에 기대어 적자의 시기를 버팁니다. 지금은 내로라하는 대기업이 된 많은 스타트업들도 흑자 전환, 즉 '손익 분기점'에 도달할 때까지 투자자의 돈으로 손실액을 메꿨습니다. 스타트업 투자자로서는 큰 수익의 기회와 돈을 잃을 위험을 함께 갖는 셈이에요.

세계 최대의 전자상거래 기업 아마존닷컴(아마존)은 1994년에 사업을 시작한 뒤 오랫동안 적자에 허덕였습니다. 그럼에도 아마존의 창업자 제프 베이조스는 당장의 이윤보다 회사의 성장에 몰두했어요. 그의 전략에 매력을 느낀 투자자들은 아마존의 주식을 사들이며 베이조스를 재정적으로 지원했죠. 마침내 창사 20년 만에 아마존은 안정적으로 수익을 내기 시작했습니다. 오늘날 아마존은 미국의 전자상거래 시장을 지배하고 있고, 베이조스는 세계에서 손꼽히는 부자 중 하나예요. 물론 투자자들도 막대한 이익을 거두었습니다.

숫자로 기업 이해하기

영업을 시작한 제니. 매장 관리 프로그램에 그날그날의 수입과 지출 내역을 꼼꼼히 정리해둡니다. 이걸 **부기**라고 해요. 거래에 따른 변동 사항을 '장부에 기록한다'는 의미예요. 부기를 살펴보면 회사가 제대로 운영되는지, 손익은 어떤지 알 수 있어요. 다시 말해 부기란 숫자로 기업을 이해하는 방법입니다. 부기에 대해 조금 더 알아볼까요? 너무 어렵게 느껴진다면 건너뛰고 다음 소제목으로 넘어가도 괜찮아요.

이집트의 한 유적지에서 2000년 전의 부기 문서 수만 건이 발견되었어요. 손익계산이 아주 오래전부터 존재했다는 증거입니다. 부기에는 크게 두 종류가 있어요. 단순히 수입과 지출만을 기록하는 단식부기, 하나의 경제적 사건에서 돈이 어떻게 들어와 어떤 용도로 나가는지 이중으로 기록하는 복식부기가 있습니다. 복식부기는 500년 전 아라비아나 이탈리아 상인들이 처음 사용했다고 해요. 기업의 재정 상태를 파악하고 미래의 경영 방식까지 짐작할 수 있는 복식부기는 15세기 이후 전 세계로 퍼져 나갔습니다.

복식부기의 기본은 이렇습니다. 장부 왼쪽(차변)엔 기업이 현재 보유한 돈과 물건, 즉 **자산**을 적습니다. 따라서 사업에 이용되는 통장 잔고 역시 여기에다 기록하겠죠. 제니는 자산 항목에 50유로(7만 5000원)를 주고 산 유기농 밀가루 10킬로그램을 적어 넣었어요. 그 아래엔 4000유로(600만 원)짜리 중고 푸드 트럭도 있네요. 예금까지 합하면 총 2만 5000유로(3750만 원)예요.

그다음엔 장부 오른쪽(대변)에 2만 5000유로의 자산을 마련하는 데 들어간 돈의 출처를 적습니다. 제니의 최초 투자금(**자본**)일 수도, 은행 대출금(**부채**)일 수도 있습니다. 피자를 팔아서 번 돈, 즉 순수익(**수익-비용**)일 수도 있겠죠. 양변의 합은 같아요. 등식으로 정리하면 이렇습니다.

왼쪽(차변)   오른쪽(대변)

자산   =   자본 + 부채 + 순수익(수익-비용)

조금 복잡해 보인다면 오른쪽 대변에서 '비용' 항목만 떼서 왼쪽 차변으로 넘겨볼까요?

	왼쪽(차변)		오른쪽(대변)	
자산 + 비용		=	자본 + 부채 + 수익	

복식부기를 이용하면 사업에 이용된 돈의 흐름과 인과관계를 알 수 있습니다. 제니의 장부에서 왼쪽은 은행 잔고와 푸드 트럭, 식재료 등 자산의 합계예요. 오른쪽은 그 자산의 원천이 되는 자본과 부채, 순수익의 합계입니다. 계산의 편의를 위해 순수익을 구성하는 수익과 비용 중 비용을 왼쪽으로 이항해 자산과 더하기도 합니다. 어떻게 하든 부기가 끝난 뒤에는 좌우의 금액이 같아야 해요.

복식부기로 얻은 데이터는 재무상태표(대변과 차변을 대조한다고 해서 '대차대조표'라고도 해요)로 정리되어 기업의 살림살이를 한눈에 보여줍니다. 이런 재무상태표를 비롯해 기업의 수많은 경제활동 데이터를 종합해 정보화하는 일을 **회계**라고 합니다. 회계사가 어떤 직업일까 궁금했던 친구들은 어느 정도 감이 잡힐 거예요. 회사 규모가 클수록 더 정교한 회계가 필요합니다. 사실 제니의 피자트럭은 단식부기로도 충분해요. 수입과 지출을 기록하고 손익계산만 꼼꼼히 해도 문제가 없죠. 그러나 일정 규모 이상의 기업이라면 정기적으로 재무상태표와 손익계산서를 작성하는 것은 물론 그걸 공개하고 검증받아야 해요. 규모가 큰 기업의 재정 건전성은 구성원과 투자자는 물론 사회 전체에 영향을 미치기 때문이죠.

가격과 시장은 어떻게 움직일까요?

제니의 피자트럭은 피자 한 판을 얼마에 팔아야 할까요? 이걸 결정하려면 먼저 피자를 만드는 데 들어가는 비용(제조원가)을 구해야 해요. 재료비, 연료비, 인건비, 그리고 비건 피자의 연구개발비, 광고비 등입니다. 이걸 합산한 다음 예상 판매량으로 나눈 것이 제조원가입니다. 여기에 목표로 하는 이윤을 더해 가격을 정하는 것이죠.

가격 결정에 감안할 것은 또 있습니다. 고객이 생각하는 적정한 피자 가격이에요. 이를 위해 제니는 빵집과 패스트푸드점 등 간편한 식사를 제공하는 주변 음식점의 가격대를 조사했습니다. 제니의 피자트럭이 경쟁력을 가지려면 이들 업체보다 가격이 저렴하거나 적어도 비슷해야 할 거예요. 그렇게 결정된 가격으로 고객에게 판매해 벌어들인 돈을 매출액이라고 합니다.

　　이런 가격 결정 과정을 통해 경제학의 핵심 개념인 **수요**와 **공급**, 그에 따른 **시장**의 흐름에 대해 이해할 수 있습니다. 점심 무렵이면 맛있는 한 끼 식사를 놓고 거래가 발생해요. 배고픈 사람들과 그 배를 채워줄 음식점들이 시장을 형성하는 거죠. 이런 시장은 무수히 많습니다. 피자 한 조각에서 태권도 강습까지, 태어나서 죽음에 이르기까지, 사람이 있는 곳이면 어디든 시장이 존재합니다. 각각의 시장에서 거래되는 상품과 서비스의 가격은 그걸 이용하려는 욕구(수요)와 그에 맞춰 제공하는 것(공급)의 관계에서 결정됩니다.

　　제니는 가족여행지에서 묵을 호텔을 알아보고 있습니다. 그런데 똑같은 방인데 목요일엔 150유로(22만5000원)이던 객실요금이 다음날인 금요일엔 250유로로 뛰어요! 왜 이런 걸까요? 주중과 주말의 숙박 수요 차이 때문이에요. 평일엔 대부분 학교에 가거나 생업에 종사할 테니 여행객도 그만큼 적어요. 그 소수의 손님을 모셔오기 위해 호텔들은 경쟁적으로 객실요금을 낮춥니다. 반면 여행객이 몰리는 금요일 오후부터는 입장이 뒤바뀌죠. 여행객 수요에 비해 객실이 모자라기 때문에 훨씬 비싼 가격을 부를 수 있는 거예요. 요컨대 시장이 시간대에 따라 변화하는 겁니다.

다만 여행객과 숙박업소를 실시간으로 이어주는 플랫폼 서비스가 등장하면서 이런 풍경도 다시 바뀌고 있어요. 여러 업체의 정보와 객실요금을 손쉽게 비교할 수 있게 되었거든요. 수요·공급에 따라 여전히 가격차는 생기겠지만 예전처럼 폭리를 취하는 관행은 줄어들지도 몰라요.

가격은 시장 참여자 즉, 소비자와 생산자의 행동에 큰 영향을 미칩니다. 일반적으로 수요와 공급은 각기 다른 가격에서 시작해 균형점을 찾아가요. 소비자는 원하는 제품이 저렴할수록 많이 사려고 들겠죠. 반면 생산자의 판매가는 장기적으로 제조원가에 이윤을 합한 것보다 낮아서는 안 돼요. 따라서 가격이 오르면 수요는 줄고 공급은 늘어나는 경향이 있어요. 이렇게 시장 참여자들의 상호 반응을 통해 **시장가격**이 형성됩니다. 시장가격에선 거래가 가장 활발히 이뤄집니다. 수요·공급이 균형을 이루는 지점에서 결정되기에 균형가격이라고도 해요.

기후변화를 막기 위해 어느 날 갑자기 모든 시민이 자동차 대신 자전거를 이용해야 한다는 법안이 통과되면 어떨까요? 자전거 수요는 급증하겠지만 재고나 생산 대수는 그에 한참 못 미칠 거예요. 이러면 자전거 제조사는 원래보다 높은 가격을 매기고, 당장 자전거가 필요한 사람들은 비싼 값을 주고서라도 사려고 줄을 서겠죠. 이후 자전거 제조사는 차츰 생산 설비와 직원을 늘릴 거예요. 새로운 업체도 시장에 참여할 테고요. 공급이 늘어나는 겁니다. 그렇게 폭증했던 자전거 수요가 충족되면 가격은 다시 떨어질 거예요. 시장이 제 기능을 발휘한 거죠.

시장은 욕구와 부족함을 채우는 데 도움을 줍니다. 인류는 수만 년 동안 충분한 시장을 갖지 못했어요. 사는 데 필요한 많은 것들을 포기해야 했죠. 오늘날은 다릅니다. 셀 수 없이 많은 상품과 서비스가 거래되고 있어요. 자동차나 비행기를 타고 어디든 갈 수 있고, 스마트폰으로 터치 몇 번만 하면 무엇이든 구할 수 있죠.

온라인에서 똑똑하게 구매하기

소비자가 어떤 물건에 필요 이상의 돈을 쓰지 않으려면 어떡해야 할까요? 항공권, 기차표, 휴가지 호텔은 미리 예약할수록 저렴한 경우가 많죠. 이걸 '얼리버드 티켓'이라고도 합니다. 아침 일찍부터 활동하는 새를 위한 혜택이라는 의미예요. 서비스를 싸게 이용하고픈 소비자와 안정적인 수익을 미리 확보하려는 기업의 이해가 맞아떨어진 가격 정책이죠.

계절을 타는 상품은 제철에서 먼 시기에 사는 게 좋아요. 에어컨은 한여름, 스키는 겨울에 쓰는 제품이지만 각각 겨울과 여름에 한결 저렴하게 장만할 수 있습니다. 옷이나 가전제품이라면 재고품을 싸게 판매하는 아웃렛, 또는 블랙 프라이데이 같은 세일 기간을 이용하면 비용을 아낄 수 있어요. 물론 큼직하게 표기된 할인율에만 혹하지 말고 물건이 정말 쓸 만한 물건인지 따져봐야겠죠.

성능이나 가격에서 대체 가능한 경쟁 상품끼리는 선택이 쉽지 않아요. 스마트폰도 자동차도 모델마다 장단점이 달라요. 시기나 장소에 따라 가격도 엎치락뒤치락합니다. 오늘 서울에선 A제품이 B제품보다 비싸게 팔리지만 다음 주나 부산에선 가격이 뒤바뀔 수도 있어요. 미리 알 수 있다면 비슷한 물건을 비싸게 구매할 이유가 없겠죠. 그러나 그동안엔 이런 정보와 관련해 소비자와 생산자(판매자) 사이에 커다란 격차가 존재했답니다.

이런 정보의 비대칭성을 줄이면서 거래의 판을 바꾼 게 인터넷입니다. 온라인 상점에선 비슷한 상품의 장단점과 가격 변화를 한눈에 살필 수 있어요. 보다 합리적인 선택이 가능한 거죠. 물론 기업들 역시 더 많은 소비자를 만날 수 있는 기회를 얻습니다.

한편 기업은 인터넷 이용자의 각종 정보, 가령 그들이 어디에 살며 몇 살인지, 어떤 제품을 구경하고 얼마에 구매하는지 등을 알아내고 수집해요. 이를 이용해 해당 소비자가 관심 가질 만한 분야의 상품 광고를 노출하고, 한번 구경한 상품을 반복해서 보여줌으로써 구매를 유도합니다. 심지어 같은 상품과 서비스임에도 소비자 한 사람 한 사람에게 다른 가격을 제시하기도 합니다. 개인의 취향과 지불능력 등에 근거한 '맞춤형 가격'을 내세우지만, 실제로는 단골이나 해당 브랜드의 이른바 충성고객에게 더 높은 가격을 매기는 행태로 논란을 빚기도 하죠.

이런 문제를 막기 위해 개인정보 보호법이 시행되고 있어요. 하지만 기업들은 법망의 빈틈을 파고들며 여전히 우리의 정보를 수집·활용합니다. 나의 검색 기록과 개인정보를 바탕으로 등장하는 광고는 나의 소비에 적잖은 영향을 미칠 거예요. 불필요한 물건에 돈을 쓰거나 남들보다 더 비싼 값에 살 수도 있어요.

그럼 어떻게 해야 할까요? 전문가들은 인터넷 브라우저 설정에서 쿠키(웹사이트를 이용할 때 생성되는 정보. 과자를 먹으면서 떨어지는 부스러기 같다고 해서 붙은 이름이에요)를 자주 삭제하라고 조언해요. 기업은 이 쿠키를 통해 우리의 일상을 들여다봅니다. 어떤 커뮤니티를 돌아다니며 한곳에 얼마나 머무는지, 어떤 이메일을 쓰는지, 어떤 제품을 구경하는지 등의 온갖 정보를 캐내죠. 따라서 쿠키를 자주 삭제하는 것만으로도 나의 정보를 적잖이 보호할 수 있습니다. 그리고 당연한 말이지만, 소셜 미디어에 자신을 많이 노출하지 않는 것이 좋아요.

온라인에서 물건을 살 때 노하우는 그 밖에도 많아요. 가격비교 사이트에선 각 쇼핑몰의 판매가격은 물론 몇 주 혹은 몇 달간의 가격 변동 추이를 알 수 있습니다. 무료배송이나 특정 카드할인 등 혜택 정보도 얻을 수 있어요. 여행·숙박 전문 업체에선 가격 변동 정보나 매진 시에 빈 좌석·객실 알림 서비스를 이용할 수 있습니다. 물론 이런 정보를 맹신하면 곤란해요. 거래 조건 변화가 수시로 일어나는 만큼, 가격비교 사이트나 알림 서비스를 참고하되 해당 웹사이트를 찾아 직접 확인해보는 게 좋습니다.

시장은 경제를 이끌어요

모든 것에 가격을 붙일 수는 없어요. 우정, 사랑, 연대감, 인정 같은 가치에까지 값을 매기는 세상은 그다지 살 만한 곳이 아닐 겁니다. 그렇지만 당연히 대가가 필요한 일인데도 정당한 값을 치르지 않는다면? 마찬가지로 좋은 결과로 이어지진 않을 거예요. 인류와 기업은 지난 수백 년간 숲을 베고 바다와 강물을 더럽히고 엄청난 양의 온실가스를 대기에 배출했어요. 이게 가능했던 이유는 환경을 파괴하는 데 아무런 대가를 치르지 않아도 되었기 때문입니다.

　시장은 경제를 이끌어요. 그리고 시장의 흐름에 매우 중요한 역할을 하는 게 바로 가격입니다. 특히 상품이나 서비스의 수요·공급에 영향을 미치는 가격 변동을 **가격신호**라고 해요. 가령 어떤 제품의 시장가격이 생산비용보다 떨어진다면 머지않아 기업은 다른 제품을 만들거나 사업을 접을 거예요. 경쟁력이 없다고 판단해 시장에서 물러나는 거죠. 반대로 품질이나 공정을 개선해 다시 경쟁력을 되찾고 번창하기도 합니다.

　관공서의 공무원에게 불친절한 응대를 경험했다는 민원인이 적지 않습니다. 사실 이런 경우는 공무원 개개인이 문제라기보다는 관공서의 업무에는 가격신호가 없기 때문이에요. 관공서의 민원 처리에 불만이 있어도 민원인은 더 나은 서비스를 찾아 떠날 수 없으니까요. 하지만 자전거 수리점이라면 다릅니다. 일처리가 마음에 들지 않는다면 다른 업체를 찾아가면 그만이에요. 관공서와 달리 기업은 좋은 제품이나 서비스를 합리적인 가격에 제공함으로써 고객의 선택을 받으려고 경쟁하기 때문이죠.

기업끼리의 경쟁은 대체로 소비자에겐 유익합니다. 더 많은 것을 누릴 수 있죠. 따라서 정부는 시장에서 경쟁이 제대로 벌어지는지 살핍니다.

식당가 사장님들이 돈을 더 벌기 위해 1인당 밥값을 1만5000원 이상으로만 받자고 합의해도 될까요? 이렇게 같은 업종의 기업들이 모여서 판매 가격이나 거래 조건을 마음대로 정하는 행위를 **담합**이라고 해요. 담합은 불법행위로 처벌받습니다. 자유로운 경쟁과 수요·공급에 따라 가격이 책정되는 시장의 원칙을 위반하기 때문이에요. 몇 해 전 독일의 트럭 제조사들은 수년간 화물차 가격을 담합하다가 적발되었습니다. 어떻게 되었냐고요? 40억 유로, 현재 한국 돈으로 6조 원에 달하는 벌금을 부과받았죠.

담합과 별개로 특정 기업이 시장을 독차지하는 경우도 있습니다. **독점**이라고 하죠. 제니의 피자트럭이 그 지역에서 점심식사를 제공하는 유일한 식당이라면 어떨까요? 아마도 제니는 환상적인 가격을 받을 수 있을 거예요. 얼핏 공짜처럼 보이는 서비스라도 마찬가지예요. 인터넷 검색 서비스가 구글밖에 없다면 인터넷 세상은 구글의 광고로 도배될지도 몰라요. 실제로 구글은 그런 독점 기업에 가까운 지위를 누리고 있어요(소셜 미디어 분야에서 인스타그램·페이스북을 운영하는 메타도 마찬가지예요).

독점과 담합은 새로운 기업의 시장 진입을 막고 소비자에게 피해를 끼칩니다. 따라서 미국과 유럽연합 등 많은 나라에서는 '반독점법'을 만들어 독점과 담합을 규제하고 있어요. 한국에선 '공정거래법'이 이와 비슷한 역할을 합니다. 경우에 따라 위반 기업에 벌금을 물리는 것은 물론, 독점 업체를 강제로 분할하거나 아예 매각하도록 결정할 수 있습니다.

빌 게이츠, 스티브 잡스, 마크 저커버그는 어떻게 세계 최고의 기업을 세웠을까요?

학습지원 애플리케이션 사업을 꿈꾸는 메메트. 시장조사를 해본 결과 이미 수십 개의 학습앱이 나와 있다는 것과, 그럼에도 자기가 구상해온 것과 같은 앱은 없다는 결론을 얻었습니다. 이제 그는 카이 란츠가 그랬듯 "세상이 원하는 제품을 개발해야 하는 가장 큰 도전"을 향해 가고 있어요. 제니의 피자트럭도 같은 여정에 나섭니다. 두 사람의 미래는 어떻게 될까요?

왜 어떤 기업은 소규모로 남거나 사라지고, 어떤 기업은 수조 억 달러에 달하는 대기업으로 성장할까요? 대부분의 경우 기업의 성공을 좌우하는 것은 남다른 아이디어, 그리고 조직을 이끌어나가는 리더십과 경영 방식이에요. 이것들을 이루는 데 대학 졸업장은 생각보다 큰 영향을 미치지 않아요. 진짜 중요한 자질은 많은 사람이 원하거나 필요로 하는 것이 무엇인지 포착해내는 안목, 그리고 온갖 반대와 어려움에 맞서 밀고나가는 추진력과 집념이에요.

빌 게이츠는 열아홉 살에 대학 공부를 그만두었습니다. 그에 겐 하버드대학교 학위보다 좋아하는 일에 열정을 쏟는 게 더 중요했죠. 저와의 인터뷰에서 그는 어릴 적 일화를 들려줬습니다. 학교에도 컴퓨터가 드물었던 1960년대, 열세 살 소년 빌 게이츠는 어느 기업의 컴퓨터를 이용할 수 있었어요. 그 컴퓨터의 오류를 찾아 보고한다는 조건이 붙은 거래였죠.

"저는 문제를 차례차례 밝혀냈습니다. 멋진 훈련이었어요." "그 당시 컴퓨터는 요즘처럼 안정적이지 못했죠." 게이츠는 그 회사의 네트워크 전체를 먹통으로 만드는 실수를 저지르기도 했습니다. 인터뷰에선 웃으며 한 이야기지만 당시만 해도 그 일로 스트레스깨나 받았다고 해요. 그럼에도 컴퓨터에 대한 열의는 식을 줄 몰랐죠. 대학을 그만둔 이듬해인 1975년, 그는 친구이자 엔지니어인 폴 앨런과 함께 소프트웨어 기업 마이크로소프트를 만들었어요. 1990년대 이후 마이크로소프트는 세계 최고의 기업으로 부상했고, 빌 게이츠는 부자의 대명사가 되었습니다.

스티브 잡스는 리드대학 철학과에 입학한 지 한 학기 만에 자퇴서를 냈습니다. 그러고는 친구 스티브 워즈니악과 함께 창고에서 이런저런 걸 시도한 끝에 1976년 '애플 컴퓨터'를 세상에 내놓았어요. 훗날 매킨토시-아이폰-아이패드로 이어지게 될 애플의 첫 번째 제품이죠. 사업이 늘 잘되진 않았어요. 1980~1990년대 애플은 성공과 실패를 반복했고, 스티브 잡스는 애플을 떠나 다른 사업으로 눈을 돌리기도 했어요. 1997년 애플에 복귀한 잡스는 2007년부터 아이폰을 출시하며 '스마트폰 산업'이라는 새로운 시장을 만들어냅니다. 이렇듯 성공만 하는 기업과 기업가는 없습니다. 오르막이 있으면 내리막이 있고, 그러다가도 반전을 맞이하곤 하죠.

2011년 잡스가 56세라는 이른 나이에 세상을 떠나자 애플이 다시 위기에 빠질 것이라는 전망이 나돌았어요. 하지만 애플은 그 뒤로 10여 년간 세계에서 **시가총액**이 가장 높은 기업으로 자리 잡았습니다. 시가총액은 기업이 발행한 주식 수에 현재 주식 가격을 곱한 것으로, 기업 가치를 나타내는 대표적 지표예요. 2025년 애플의 시가총액은 3조6000억 달러로 독일이나 한국의 모든 기업의 시가총액을 합친 것보다 높습니다.

메타의 창업자인 마크 저커버그도 하버드대학교에서 컴퓨터 과학과 심리학을 전공했지만 일찌감치 학교를 그만뒀습니다. 그는 2004년 이용자들이 서로의 프로필과 콘텐츠를 매개로 소통하는 '소셜 네트워크(사회 관계망)'라는 아이디어를 활용해 페이스북을 만들었어요. 이 아이디어를 온전히 저커버그의 것으로 보긴 힘듭니다. 한국의 싸이월드 등 당시에 이미 그와 엇비슷한 서비스가 여럿 존재했기 때문이죠. 심지어 윙클보스라는 형제 기업가는 페이스북이 자신들의 아이디어를 훔친 거라고 주장했고, 저커버그는 긴 법정 다툼 끝에 이들과 합의를 봐야 했습니다.

어떻든 시중에 떠돌던 아이디어를 실제 사업으로 밀어붙인 이는 저커버그예요. 페이스북의 성공에 힘입어 또 다른 소셜 미디어 업체인 인스타그램을 사들임으로써, 메타는 마이크로소프트·애플과 어깨를 나란히 하는 세계 최고의 IT 기업이 되었죠. "빨리 움직이고 기존의 것을 무너뜨려라"라는 좌우명에서 알 수 있듯 저커버그의 추진력은 기업가들 사이에서도 유명합니다.

물론 추진력이 세상에 이롭게만 작용하는 건 아녜요. 저커버그가 하와이의 어느 섬에 저택과 목장을 짓기 위해 주민들의 통행을 방해하고, 심지어 그들을 내쫓으려 소송을 벌이는 데 발휘된 것도 그의 추진력일 테니까요. 페이스북은 코로나 팬데믹이나 미국 대통령선거 기간에 퍼진 온갖 가짜뉴스의 온상으로 지목되며 논란을 빚기도 했어요. 이런 일은 기업·기업가의 성공과 그들의 선량함은 별개라는 사실을 알려줍니다. 정치와 사회가 그들의 일탈 행위를 막아야 한다는 가르침과 함께 말이죠.

카이 란츠와 친구들은 고등학교를 졸업한 지 1년 만에 크리젠챗을 설립했습니다. 저와 인터뷰할 당시에 이미 심리 상담사들은 한 달에 4000~5000건의 상담을 처리하고 있었어요. 물론 힘든 순간도 있었죠. 통장 잔고는 늘 바닥이고, 자유 시간도 거의 없었습니다. 카이는 비용을 줄이려고 부모님 집에 얹혀살았어요. 동료들도 스스로를 몰아붙였죠. 다행히 크리젠챗의 가능성을 알아본 한 보험사의 투자와 기부금을 통해 서서히 자립할 수 있었습니다. 카이는 앞으로도 기업가로 남고 싶어 해요. "세상에 도움이 되는 일을 한다는 건 멋지거든요."

$$\alpha = \int \text{LAC}$$

$$f(\omega) = \int_{-\infty}^{\infty} f(x) e^{-2\pi i x \omega} \, dx \quad \frac{dt}{d\epsilon}$$

$$\rho \left(\frac{\partial v}{\partial t} + v \cdot \nabla v \right) = -\nabla p + \nabla \cdot T$$

$$H = -\sum p(x) b$$

$$\frac{1}{2} \sigma^2 S^2 \frac{\partial^2 V}{\partial S^2} + r S \frac{\partial V}{\partial S} + \frac{\partial V}{\partial t} - r$$

$$C(Q, q_i, m_i) = \sum_{i=1}^{n} \left[\frac{D_i}{m_i q_i} S_i \right.$$

$$5\gamma^2)$$

$$\frac{d \Delta_F}{a}$$

$$\frac{d \Delta N}{a}$$

$$\Delta P \mathcal{L} t^{\frac{1}{2}}$$

$$\int (\log \sin x)^2 \, dx$$

4

최고의 경제 시스템은 무엇일까요?

경제를 측정하는 방법

사람들은 저마다 돈을 벌거나 쓰고, 물건이나 서비스를 사고팝니다. 여러분의 부모님이 일하는 기업도 마찬가지예요. 이렇게 경제적 행위를 하는 개인과 기업을 가리켜 **경제단위** 또는 **경제주체**라고해요.

국가 차원에서는 나라 전체의 경제활동을 정확히 파악해야해요. 얼마나 많이 생산하고 소비하는지, 앞으로의 전망은 어떨지, 발전의 성과가 공정하게 분배되었는지 등을 알아보는 거죠. 이를위해 개인과 기업, 즉 각 경제단위의 경제활동을 국가적 단위로 종합한 것을 **국민경제**라고 합니다. 이번 장에서는 국민경제의 여러

국내총생산(GDP)

국민경제의 성과를 보여주는 대표적 지표는 **국내총생산(GDP)**입니다. GDP는 한 나라의 영토 안에서 일정 기간(보통은 1년간)에 생산한 모든 제품과 서비스의 가치를 합한 수치예요. 노벨경제학상 수상자인 사이먼 쿠즈네츠가 1934년에 고안한 개념입니다.

과자 한 봉지에서부터 자동차와 주택에 이르는 모든 최종 생산물, 그리고 음식 배달과 부동산 중개, 외과 수술 등 모든 영역에서 제공된 서비스의 시장 가치가 모두 GDP로 계산됩니다. 다만 자녀를 키우거나, 가족을 위해 요리하거나, 아픈 가족을 간병하는 등 시장 바깥에서 일어나는 이른바 돌봄 노동은 포함되지 않아요. GDP의 허점이죠. 돌봄 노동도 생산에 꼭 필요한 요소인데 말이죠.

GDP는 다른 방식으로도 측정할 수 있어요. 가령 쓴 돈의 합계, 즉 지출의 합으로 구하기도 합니다. 개인들의 일상적 소비, 국가 운영에 드는 정부 지출, 기업의 투자, 그리고 무역수지(수출액-수입액)가 지출 측면에서 GDP를 구성하는 요소들이에요.

반대로 각 경제단위가 번 돈을 모두 합산해 GDP를 측정하기도 해요. 개인의 임금, 임대료와 이자소득, 기업의 이윤 등이 소득 측면에서 GDP를 구성합니다. 따라서 GDP를 활용하면 국민소득을 구할 수 있습니다.

경제성장이란 GDP가 증가했다는 뜻입니다. 이 말은 국민 전체의 소득이 늘었다는 말과 같아요. 그래서 '구매력이 올라갔다'고도 표현하기도 합니다. 쓸 수 있는 돈이 늘었다는 의미죠. 이렇듯 GDP가 상승하느냐 감소하느냐, 경제가 성장하느냐 위축되느냐는 단순한 숫자가 아니라 한 나라의 경제단위 모두에게 영향을 미칩니다.

측면에 대해 이야기해볼 거예요.

대체로 GDP의 크기는 국력과 비례해요. GDP 순위의 최상위에 미국과 중국, 독일, 일본 등 대표적 강대국이나 선진국이 올라와 있는 걸 봐도 알 수 있죠. 그렇지만 GDP는 경제활동의 성과가 공평하게 분배되는 것과는 무관합니다. 경제성장이 지구환경에 미치는 영향이나 사람들이 얼마나 행복한지에 대해서도 말해주지 않아요. 이런 이유에서 행복한 삶을 위해선 GDP 증가만을 목표로 삼아선 안 된다는 비판도 나오고 있습니다.

남아시아 부탄 왕국은 1974년 국가 정책의 목표를 GDP, 즉 국내총생산이 아니라 국민총행복(GNH)에 둔다고 선언했습니다. GNH는 국민들의 행복 정도를 수명·불평등 등의 항목으로 국민의 행복 정도를 측정하는 개념이에요.

부탄에선 정기적으로 공무원들이 집집마다 돌면서 주민의 안부를 물어요. 이 나라에선 국가가 어떤 사업에 투자할 때, 그 일이 사회에 얼마나 유익한지를 따집니다. GDP만 강조하는 기존의 선진국과는 다른 모습이죠. 부탄 사람들 대부분은 불교를 믿어요. 그들에게 행복은 만족감, 삶의 균형 같은 불교적 가치와 관련 있습니다. 돈이 많다고 해서 따라오지 않는 것들이죠.

2006년 영국의 신경제재단에서는 GDP를 대신할 경제 발전의 지표로 세계행복지수(HPI)를 제시했습니다. HPI의 관건은 경제성장이 아니에요. 그 대신 기대수명, 행복감, 환경파괴 정도 등 유엔(UN)의 〈세계행복보고서〉가 주목하는 항목에 따라 각국 시민의 행복 정도를 측정합니다. 중앙아메리카의 코스타리카는 GDP 기준으로는 세계 70~80위권에 속한 나라지만 HPI 순위에서는 훨씬 위에 있어요. 사람들이 느끼는 삶의 만족감이 높은 반면, **생태 발자국**⁺은 미국의 3분의 1에 불과하기 때문이죠.

이렇게 몇몇 대안이 존재하지만, 여전히 GDP는 각국의 경제적 성취를 보여주는 가장 보편적인 지표입니다. GDP를 해당 국가의 인구수로 나눈 걸 1인당 GDP라고 해요. 말 그대로 한 사람의 생산량을 보여주는 지표죠.

미국·일본·독일처럼 GDP와 1인당 GDP가 모두 높은 경우도 있지만, 압도적인 인구를 바탕으로 GDP 순위의 최상위에 위치한 중국·인도는 1인당 GDP에서는 코스타리카와 비슷하거나 그보다 한참 낮은 순위에 있습니다. 그래서 1인당 GDP는 강대국과는 별개로 선진국, 즉 고도의 경제 발전을 이룬 국가와 그보다 뒤쳐진 개

✦ 인간의 경제활동으로 소모되는 비용을 땅의 크기로 나타낸 지표입니다. 발자국이 클수록 환경파괴가 심각하다는 의미예요.

발도상국(201쪽 참고)을 나누는 기준으로 이용되기도 합니다.

시장경제는 어떻게 작동할까요?

오늘날 세계 각국이 채택한 보편적인 경제 시스템은 **시장경제**입니다. 시장경제란 각 경제단위가 상품과 서비스를 자유롭게 거래하는 시장이 주도하는 경제체제를 뜻해요. 이와 반대로 정부가 경제활동을 주도하는 경우를 **계획경제**라고 합니다.

시장경제의 특징을 좀 더 살펴볼까요? 무엇보다 자유로운 거래가 기반입니다. 이를 위해 상품·서비스가 국경을 지날 때 물리는 세금(관세)을 없애거나 최소화하죠. 동시에 정부는 기업의 독점과 담합 행위를 규제합니다. 이렇게 가격신호가 제대로 작동하는 시장에서 기업은 이윤을 만들어냅니다. 이윤은 기업이 양질의 상품·서비스를 저렴하게 제공하는 동기로 작용해요.

'경제학의 아버지'로 불리는 애덤 스미스는 1776년에 쓴《국부론》에서 이렇게 말합니다. "우리가 저녁식사를 할 수 있는 것은 정육점 주인이나 빵집 주인의 자비심 덕분이 아니라 그가 자신의 이익을 추구하기 때문이다." 그는 사람들의 복잡한 이해관계를 하나로 잇는 고리, 즉 생산자와 소비자에게 저마다 최대의 이윤과 만족을 가져다주는 시장의 기능을 **보이지 않는 손**이라고 표현합니다.

애덤 스미스의 이런 견해는 흔히 시장제일주의, 즉 사람의 이기심을 무작정 찬양하거나 독점 같은 시장경제에서 벌어지는 문제점까지 모르는 척하는 입장으로 오해받기도 해요. 하지만 스미스는 이익 추구를 생존과 발전을 위한 본능으로 보았습니다. 그리고 그런 본능이 국민경제의 원동력인 동시에 사회의 도덕적 테두리 안에서 발휘되어야 한다고 강조했어요.

나아가 스미스는 타인의 행복이 나와 무관하지 않다고 보았습니다. "구성원 대다수가 가난한 사회는 행복할 수가 없다." 이에 따라 그는 다른 나라를 침략하고 약탈한 당시 유럽의 국왕들을 비판했습니다. 국가의 부는 황금이 아니라 사람들의 노동에서 나온다고 보았죠. 실제로 스페인 정부는 남아메리카 원주민을 쥐어짜며 막대한 양의 금과 은을 채굴했음에도 16~17세기에 걸쳐 여섯 차례나 '국가 파산'을 선언했습니다.

산업혁명:
현대 경제활동을 만든 빅뱅

18세기 중반부터 산업화가 본격화하면서 **자본주의**라는 용어가 등

장합니다. 자본을 이용해 이윤을 추구하는 경제체제를 뜻하죠. 여기서 자본은 단순한 돈이 아니에요. 목적(이윤)을 달성하기 위해 투자되는 모든 자원을 일컫습니다. 돈과 장비, 기계, 공장 같은 것들이죠. 다른 말로는 생산수단이라고도 해요. 생산수단, 즉 자본을 가진 이를 자본가라고 합니다. 자본주의에서는 개인의 **사유재산(사적 소유권)**을 보장해요. 그래야 안심하고 이윤을 추구할 수 있기 때문이죠. 뒤에서 다루겠지만 자본주의의 반대편에는 **사회주의**가 있습니다. 사회주의는 사유재산에 반대하고 생산수단을 공유하는 경제활동을 주장해요.

산업화는 수증기가 가진 열에너지를 커다란 운동에너지로 바꿔주는 증기기관의 발명과 함께 시작되었습니다. 증기기관으로 대표되는 기술의 발전은 생산과 운송에 혁명적 변화를 가져옵니다. 물레와 베틀로 한 올씩 한 땀씩 만들어내던 실과 옷감을 방적기와 직조기가 대량생산했어요. 증기기관차는 더 많은 상품을 더 빨리, 더 멀리 실어 날랐죠. 1만 년 전 농업혁명 이후 찾아온 가장 큰 변화입니다. 그래서 18세기의 산업화를 산업혁명이라고 표현해요. 말 그대로 '우주의 탄생(빅뱅)'과도 같은 변화가 인류의 경제활동에 일어난 거죠.

그런데 왜 하필 18세기에 산업혁명이 시작됐을까요? 증기기관의 원리라면 2000년 전 고대 그리스인들도 알고 있던 사실인데 말이죠. 따라서 산업혁명의 역사적 배경을 이해하려면 다른 요인을 살펴봐야 합니다. 우선 이전까지 세상을 지배하던 국왕의 절대 권력과 교회의 권위가 차례로 무너졌어요. 그들의 눈치를 보지 않고 무엇이든 연구하고 토론할 수 있는 자유가 생긴 거죠. 여기에 의무 교육이 도입되면서 사람들의 지적 수준이 향상되었습니다. 자연스레 온갖 발명과 기술 발전이 뒤따랐죠. 사유재산의 보호도 시작되었어요. 과거처럼 아이디어를 도둑질하거나 귀족이라고 법을 어기는 게 쉽지 않게 된 거예요.

산업혁명의 맨 앞에 나선 것은 영국입니다. 이건 우연이 아니에요. 유럽의 다른 나라들보다 한 발 앞서 민주주의, 즉 의회 정치가 확립되었죠. 국왕이라도 의회의 결정을 무시할 수 없었습니다. 소수에게만 주어지던 투표권도 점차 확대되었어요. 그 덕분에 상인과 제조업자, 그 밖의 일반 시민들도 목소리를 낼 수 있게 되었습니다. 이들은 번 돈으로 호의호식하는 대신 새로운 것에 투자했어요. 맞아요. 돈이 '자본'으로 변화한 거죠.

1740년에서 1840년까지 영국의 생산량은 네 배로 늘었습니다. 그 이전엔 상상할 수 없는 발전이었죠. 독일이 그 뒤를 따랐어요. 같은 기간 베를린의 인구는 5만 명에서 100만 명으로 20배가 증가했습니다.

1847년 독일의 과학자 베르너 폰 지멘스는 전신기를 만들고 설치하는 기업 지멘스를 설립합니다. 오늘날 지멘스는 유럽 최대의 기술 기업으로 성장해 자동화·에너지·IT·의료·철도 등 다양한 분야를 선도하고 있어요.

1879년 기계공학자 카를 벤츠와 고트리프 다임러는 세계 최초로 내연기관으로 달리는 자동차를 만드는 데 성공합니다. 동물이 끄는 수레나 거대한 연기를 내뿜으며 철로를 이동하는 증기기관차만 보아온 사람들 눈앞에 가솔린 엔진을 탑재한 차가 스스로 움직이는 광경이 펼쳐졌어요. 기적과 다를 바 없었죠. 경쟁자였던 두 사람이 함께 설립한 다임러-벤츠는 오늘날 메르세데스-벤츠라는 이름으로 계승되어 자동차 그 자체를 대표하는 기업으로 자리매김했습니다.

돈방석에 앉은 기업, 여전히 가난한 노동자들

그러나 성공의 열매는 공평하게 분배되지 않았습니다. 1770년대

영국의 발명가 새뮤얼 크럼프턴은 '뮬 방적기'를 발명했습니다. 이전까지 나온 방적기의 장점을 모은 혁신적인 제품이었죠. '실을 뽑는 노새'라는 뜻의 이 기계는 나오자마자 앞다퉈 사용되었지만, 정작 크럼프턴에겐 아무것도 돌아가지 않았습니다. 특허를 받지 못했기 때문인데, 그동안 떼돈을 번 것은 이 기계를 복제해 사용한 방적공장의 공장주들이었습니다.

노동자들의 형편도 나을 게 없었어요. 공장과 도시는 날로 번창했지만, 쥐꼬리만 한 임금을 받으며 하루 10~16시간씩 일한 노동자들이 돌아갈 곳은 판잣집이나 공동 주택의 비좁은 공간뿐이었습니다. 먹고살기 위해 자식들까지 일터로 보내야 했죠. 당시 영국에선 아홉 살만 돼도 10시간 이상 일을 시킬 수 있었답니다. 공장 노동자의 절반이 16세 미만 아동이었죠. 공장주는 어른보다 훨씬 적은 임금을 주며 그들을 부렸습니다.

이 당시의 노동자 착취를 가리켜 '맨체스터 자본주의'라고 해요. 오늘날엔 축구의 성지로 유명한 맨체스터지만 산업혁명 당시엔 노동자에게 잔인한 도시로 악명 높았기 때문이죠. 노동자들은 이에 맞서기 시작했습니다. 1810년대엔 자본가의 생산수단인 기계를 파괴하는 시위를 벌였는데, 이를 '러다이트(Luddite) 운동'이라고 합니다. 영국에서 일어난 최초의 노동운동이었죠. 시위 진압에 군대가 동원되고 주도자들이 처형당하는 가운데서도 노동자들의 권리투쟁은 이어졌고, 이는 투표권 확대와 노동자 정당(영국 노동당)의 탄생으로 이어졌습니다.

이보다 앞선 1863년 독일에서는 세계 최초의 노동자 정당인 독일 사회민주당(SPD)이 탄생했습니다. 노동자들의 이익을 대변하는 노동조합(노조)도 결성되었죠. 노조원들은 광산에서 일하는 동료들의 처우를 개선하기 위해 파업을 벌였습니다. 이에 당시 독일의 총리 오토 폰 비스마르크는 노동운동을 강력히 처벌하는 한편으로 건강보험·산재보험·노령연금 등 노동자를 위한 복지제도를 도입했습니다. 탄압만으로는 막을 수 없을 정도로 노동자들의 요구가 거셌기 때문이에요. 실제로 1890년이 되자 사회민주당은 독일에서 가장 지지받는 정당으로 떠오르게 됩니다.

결국 산업혁명으로 거둔 성과의 일부가 노동자에게 돌아간 것은 자본가나 정부의 뜻이 아니었어요. 노동자들 스스로의 요구와 투쟁 덕분이죠. 지금도 마찬가지입니다. 민주적 정부, 사회적 안전망, 노동조합의 임금 협상력이 허약한 곳일수록 공평한 분배가 이뤄지기 어렵습니다.

공산주의와 계획경제

19세기 독일의 철학자이자 사업가인 프리드리히 엥겔스는 영국 맨체스터에서 섬유 공장을 운영했습니다. 그가 쓴 《영국 노동계급의 상황》에는 화장실이 부족한 도시에서 수만 명의 사람들이 배설물을 길거리에 내다버리는 풍경이 묘사됩니다. "말라버린 대변 덩어리, 악취와 가스는 주민들의 건강을 크게 위협한다." 엥겔스는 역시 철학자이자 저널리스트인 카를 마르크스와 함께 자본주의의 문제를 극복할 대안으로 **공산주의**를 연구했습니다.

공산주의는 앞서 소개한 사회주의의 한 분파예요. 사회주의의 주장, 즉 생산수단의 사적 소유에 반대하는 데서 더 나아가 노동자가 자본가에게 지배받지 않는 세상을 목표로 하죠. 이를 위해 사회적 계급은 물론 국가라는 개념까지 모두 사라진 평등한 사회를 이야기했습니다. "최종 생산물이 그 제품을 만드는 데 들어간 자본보다 더 큰 가치를 갖는 것은 사람들의 노동력 덕분이다. 그럼에도 자본가는 노동자가 만들어낸 가치를 인정하지 않는다."

따라서 마르크스와 엥겔스는 노동자들이 기존 사회질서를 무너뜨려야 한다고 주장했습니다. 그러면서 아주 유명한 말을 남기죠. "세계의 노동자여 단결하라! 당신들이 잃을 것은 사슬밖에 없다." 그들에 따르면 기업, 공장, 토지는 자본가가 아니라 모두의 것이어야 해요. 그래야 계급이 사라진 평등 사회가 실현될 테니까요. 나아가 이를 위해선 시민 다수의 뜻에 따르는 민주주의가 아니라 프롤레타리아(생산수단을 갖지 못한 노동자 계급)만의 독재가 필요하다는 게 마르크스의 생각이었어요.

카를 마르크스의 선한 의도는 매우 폭력적으로 실행되었어요. 공산주의 경제의 역사는 1917년 러시아 혁명과 함께 시작됩니다. 이후 러시아 땅에 최초의 공산주의 국가 소련(소비에트 연방)이 들어섰어요. 1945년 2차 세계대전이 끝나자 동독·폴란드를 비롯한 동유럽, 아시아의 중국·베트남·북한, 아메리카 대륙의 쿠바 등이 공산주의를 받아들입니다. 전 세계는 이들 공산주의 진영과 미국과 서유럽, 일본 등의 자본주의 진영으로 나뉘었어요. 공산주의 국가들은 저마다 '평등 세상'을 위한 계획을 진행했습니다. 그러나 이 과정에서 수많은 사람들이 굶주리고, 갇히고, 죽어나가고 말았어요.

자본주의가 시장경제와 함께 발전했다면 공산주의는 계획경제를 선택했습니다. 국가가 나서서 기업이 무엇을 얼마나 생산할지 계획하는 거죠. 가격도 수요·공급이 아니라 정부가 결정합니다.

기업은 모든 시민의 공동소유예요. 계획경제는 특정 분야에 자원을 집중하는 데 유리해요. 덕분에 농업국가이거나 이제 막 산업화를 시작한 많은 공산주의 국가들이 빠른 경제성장을 기록하기도 했습니다. 그러나 장기적으로 볼 때 공산주의 국가의 경제성장은 자본주의 국가보다 훨씬 더뎠습니다. 당연히 국민들도 가난할 수밖에 없었죠.

동독은 가장 잘사는 공산주의 국가였어요. 그런 동독에서조차 늘 생활필수품이 부족했습니다. 상점마다 긴 줄이 늘어서고, 돈이 있어도 물건을 구할 수 없는 풍경이 일상이었죠. 당시 동독 사람들은 이런 우스갯소리로 위안을 삼았다고 해요.

고객 안녕하세요? 여기가 신발이 없는 상점인가요?
점원 아니요. 여기는 셔츠가 없는 상점입니다. 신발이 없는 상점은 이 다음다음 건물이에요.

왜 계획경제가 시장경제보다 열등할까요? 계획을 수립하는 공무원은 매번 변하는 고객의 필요가 무엇인지 모르는 상태에서 품목과 생산량과 가격을 결정합니다. 반면 시장경제에서는 가격신호가 수요와 공급을 조정하죠. 동독 사람들은 부족한 상품을 구하는 데 돈을 더 쓸 의사가 있었을 거예요. 이런 수요가 시장경제에서는 더 많은 생산으로 이어집니다. 안타깝게도 계획경제에서는 이런 원리가 작동하지 않아요.

시장경제 사회에서 기업의 이윤이 증가할수록 임금도 올라갑니다. 직원들로서는 더 노력할 자극을 받는 거죠. 기업을 사적으로 소유할 수 없는 계획경제에는 이런 유인, 즉 '인센티브'가 없어요. 공산주의 사회에서 국가가 정한 생산량을 맞추지 못한 기업 경영자는 처벌받습니다. 그렇다고 직원들을 독려해서 더 많이 생산해 봤자 이듬해 목표 수량만 올라갈 뿐 돌아오는 게 없죠. 어쩌면 그는 기계가 고장 났다고 보고하고 싶을지도 몰라요. 올해 목표량을 채우고 싶지 않은 거예요. 열심히 일해도 더 벌 수 있다는 희망이 없는 노동자들 역시 비슷한 마음일 겁니다.

사회적 시장경제는 어떤 이익을 가져다줄까요?

20세기 후반부터 대부분의 나라들이 공산주의와 계획경제를 포기했습니다. 이후 자본주의와 시장경제는 전 세계의 보편적 경제

모델로 자리 잡았어요.

　　또 다른 공산주의 국가인 중국은 1970년대 말 경제 시스템을 바꾸는 결정을 내립니다. 새로운 지도자 덩샤오핑이 시장경제를 받아들인 거예요. 이 선택은 중국 국민에게 전보다 훨씬 많은 부를 가져다주었어요. 1978년 156달러이던 중국의 1인당 GDP는 2023년엔 1만2600달러로 80배 이상 증가했죠. 오늘날 중국은 세계경제에 큰 몫을 차지하는 신흥개발국이자 강대국으로 자리매김했습니다.

　　마르크스는 자본주의 사회에서는 대중(노동자 계급)이 점점 더 가난해질 거라고 전망했습니다. 그러나 현실은 달랐어요. 1871년부터 1914년까지 독일 노동자의 임금은 두 배로 뛰었습니다. 그러면서도 일하는 시간은 줄었어요. 1918년에는 하루 8시간 근무제가 도입되었고, 실업자를 지원하는 보험제도가 마련되는 등 평범한 사람들의 형편은 점점 나아졌죠.

　　두 차례의 세계대전(1914~1918, 1939~1945)으로 초토화된 유럽을 재건하는 데도 자본주의와 시장경제가 바탕이 되었습니다. 독일(정확히는 서독)은 전쟁 기간에 시행했던 가격 통제를 풀었어요. 그러면서도 독점이나 담합은 규제했습니다. 시장이 제 기능을 발휘하도록 도운 거죠. 이에 힘입어 독일은 '라인강의 기적'⁺⁺이라 불리는 급격한 경제성장을 이룰 수 있었어요.

성장의 과실은 모든 국민을 빈곤에서 보호하는 **복지국가**의 등장으로 이어졌습니다. 복지국가에서 노동자는 아파서 쉬더라도 급여를 받을 수 있어요. 일자리를 잃은 사람에게는 실업급여와 새 직장을 구하는 데 필요한 지원이 이뤄집니다. 은퇴 후에는 연금을 받죠. 대부분 본인이 낸 돈보다 더 많은 연금을 받으며 노후를 보냅니다. 노인이 먹고사는 문제를 자식들에게 의존하지 않아도 되는 안전망이 갖춰진 거예요. 이런 경제 시스템을 가리켜 **사회적 시장경제**라고 합니다.

경제가 성장하려면 시장이 제대로 작동하고 기업이 발전해야 합니다. 동시에 성장의 과실을 공평하게 나누려면 이익에 일정한 대가나 제한이 필요해요. 독일 헌법은 이렇게 말합니다. "소유권은 의무를 수반한다." 어떤 의무일까요? 바로 세금입니다.

✦ 2차 세계대전의 패전국으로 전 국토가 폐허가 된 서독이 1950년대 눈부신 발전을 통해 선진국으로 올라선 현상을 가리킵니다. 이와 비슷하게 20세기 후반 한국이 보여준 경이로운 경제성장을 '한강의 기적'이라고 부르곤 해요.

국가는 늘 세금을 걷어왔습니다. 과거에는 왕실과 귀족의 생활비와 사치, 전쟁 자금으로 탕진되던 정부 예산이 오늘날에는 국민 모두를 위해 쓰이고 있어요. 육아와 건강, 교육과 문화, 주거와 교통, 국방과 치안, 빈곤층 지원, 우방국을 돕는 일… 여기에 들어가는 돈을 마련하기 위해 국가는 개인과 기업(법인)에 세금을 걷습니다. 물론 세금이 반가운 사람은 없을 거예요. 누구든 되도록 세금을 적게 내고 싶고, 그러면서도 그 세금으로 제공되는 복지와 서비스는 누리고 싶어 하죠. 그렇지만 정당한 이유 없이 세금을 납부하지 않으면 조세포탈, 즉 탈세로 처벌받습니다.

임금을 받는 모든 노동자는 '근로소득세'를 납부합니다. 기업이나 사업주는 근로계약 당시 약속한 급여에서 근로소득세를 미리 뗀 금액을 노동자에게 지급해요. 2024년 한국의 직장인들이 납부한 근로소득세는 60조 원이 넘습니다. 정부 1년 예산의 10퍼센트에 달하는 금액이죠. 기업은 이윤에 따라 세금을 냅니다. 개인기업(자영업자)은 '사업소득세'를, 회사기업(법인)은 '법인세'를 납부해요.

노동자든 기업이든 소득세와 법인세는 모두 납세의무자가 직접 세금을 냅니다. 이걸 직접세라고 해요. 자동차·부동산 등 재산에 부과되는 '재산세', 가족끼리 재산을 주고받거나 물려받을 때 내는 '증여세' '상속세'도 직접세에 포함됩니다.

한편 납세의무자와 실제 납부자가 다른 세금을 간접세라고 합니다. 상품을 사고팔 때 발생하는 '부가가치세'가 대표적이에요. 부가가치세란 상품이나 서비스의 생산·제공 과정에서 늘어난 가치에 붙는 세금이에요. 부가가치세의 납세의무자는 생산자이지만 실제로 부담하는 건 소비자입니다. 그래서 부가가치세를 '소비세'라고도 합니다. 한국의 부가가치세율은 10퍼센트예요. 여러분이 편의점에서 생수 한 병을 1000원에 샀다면 그중 91원이 세금인 셈이죠.

몇몇 특정 분야의 소비에는 더 무거운 세금이 붙기도 합니다. 한국에서는 '개별소비세'라는 이름으로 휘발유·가스 등의 에너지 소비, 보석 같은 사치품과 술·담배 소비, 그리고 복권·경마·카지노 이용 등에 부과해요.

사회적 시장경제가 소유권을 제한하는 경우를 더 살펴볼까요. 무엇보다 기업의 이윤 추구는 **공공복리**에 어긋나서는 안 됩니다. 공공복리란 사회 구성원 전체의 행복과 이익을 말해요. 이에 따라 기업은 노동자의 복지·안전과 환경문제와 관련한 법률을 준수해야 합니다.

부동산, 즉 주택이나 건물의 소유권 행사 역시 규제를 받습니다. 한국에선 임대차보호법에 따라 집주인이라고 해서 세입자에게 무턱대고 계약 해지를 요구할 수 없어요. 임대료를 올릴 때도 법에 규정된 상한선을 지켜야 합니다. 유럽에선 집이나 상가를 구하는 사람이 있는데도 소유자가 건물을 비워둔 채로 방치하는 경우엔 '빈집세' '공실세'를 거두기도 해요.

노동조합이 노동자를 대표해 임금협상에 나서고, 그렇게 합의된 임금을 기준으로 노동자 전체의 소득이 증가하는 것도 사회적 시장경제의 특성이에요. 이런 문화가 뿌리내린 독일은 중산층, 즉 아주 부자는 아니더라도 부족하지 않은 삶을 누리는 계층이 다른 나라에 비해 폭넓게 형성되어 있습니다.

시장경제에서 고임금 노동자와 저임금 노동자의 소득 격차, 대기업과 중소기업의 이익 격차는 자연스러운 일이에요. 그러나 그 격차가 넘볼 수 없을 정도로 커지는 것은 모두에게 해롭습니다. 평범한 사람이 열심히 살면 중산층이 될 수 있고, 그런 중산층이 두터워야 건강한 사회예요.

따라서 정부는 소득과 부의 격차를 줄이려고 애씁니다. 이걸 **재분배**라고 해요. 경쟁의 결과로 발생한 불평등을 다시 조정한다는 의미입니다. 이를 위해 정부는 약자를 배려하고, 실패하더라도 재도전할 수 있고, 열심히 하면 성취할 수 있는 여러 제도를 운영합니다. 세금을 사용해서 말이죠.

세금은 국민 모두의 의무지만, 소득이나 이윤이 클수록 많이 냅니다. 더 버는 쪽이 공동체를 위해 그만큼 더 부담하는 거죠. 이처럼 사회적 시장경제에서 세금은 걷을 때와 사용할 때 모두 재분배의 효과를 냅니다.

유럽연합과 유로화

유럽에서 시장경제가 성공을 거둔 데는 유럽연합(EU)의 역할도 큽니다. 유럽연합은 끔찍했던 1·2차 세계대전에 대한 반성에서 출발했습니다. 유럽의 주요 국가들이 서로 총부리를 겨눴던 과거에서 벗어나 하나의 공동체로서 함께 번영하자는 목표로 만든 국제기구예요. 1950년대 6개 나라로 시작한 이 기구는 2025년엔 27개국이 뭉친 거대한 단일 경제권을 이룩했습니다. 미국과 중국 다음의 경제대국으로서 세계경제에 막강한 영향력을 행사하죠.

상품이 국경을 오갈 땐 **관세**(통관세)가 발생합니다. 그런데 어떤 국가들끼리는 관세 제도를 공유하거나 서로 간의 무역에서 관세를 인하·폐지하기도 해요. 이걸 **관세동맹**이라고 합니다. 유럽연합은 1968년부터 관세동맹을 맺기 시작했습니다. 관세는 무역에 커다란 영향을 미쳐요. 예를 들어 독일산 자동차는 자국에선 2만 유로(3000만 원)에 살 수 있지만, 수입품에 20퍼센트의 관세를 부과하는 프랑스에서는 가격이 2만 4000유로로 뜁니다. 프랑스인들로선 비슷한 성능이라면 더 저렴한 프랑스 차를 두고 독일 차를 선택하기 어렵겠죠. 이런 관세를 폐지하면 어떻게 될까요? 독일의 자동차 기업은 훨씬 많은 차를 팔 수 있고, 프랑스 소비자들은 선택지가 늘어납니다. 자연스럽게 유럽의 무역시장은 활기를 띨 거예요. 부의 규모도 증가할 테고요.

관세동맹이 있다면 **통화동맹**도 있어요. 여러 나라가 하나의 화폐를 공유하는 거죠. 유럽연합은 유로화를 단일화폐로 채택했습니다. 마르크화, 프랑화, 리라화 등 각자의 화폐를 쓰던 시절엔 경제상황에 따라 각국의 환율이 변동되고, 무역과 물가도 거기에 큰 영향을 받았어요. 여행객도 국경을 오갈 때마다 돈을 환전해야 했죠. 유로화는 이런 문제점을 극복하고 유럽이 하나의 시장으로 완성되는 데 큰 역할을 담당했습니다.

하나의 시장으로서 유럽연합은 '이동의 자유'로 특징지을 수 있어요. 사람과 자본, 상품과 서비스가 자유롭게 오가며 GDP로는 세계에서 세 번째, 무역규모로는 두 번째로 큰 시장이 탄생한 거예요.

① **이동의 자유**: 유럽연합의 시민은 모국이 아닌 다른 회원국

에 자유롭게 거주하며 일할 수 있습니다. 2000만 명이 이렇게 생활하고 있어요. 권리와 의무에서 내·외국인 차별도 없습니다. 예컨대 프랑스에 사는 독일인은 벌이가 비슷한 프랑스인과 동등한 세금을 내고 같은 사회복지 혜택을 누립니다. 졸업장이나 직업 자격증도 폭넓게 인정받죠. 여러분이 유럽연합 회원국 시민이라면 네덜란드 대학의 졸업장과 스페인에서 딴 자격증으로 독일에서 취업할 수 있는 거예요.

그런데 이러면 사람들이 잘사는 회원국으로만 몰려가지 않을까요? 실제로 2004년 폴란드와 체코 등 상대적으로 가난한 중·동부유럽 8개국이 유럽연합에 가입했을 때, 그곳 시민들이 독일 등으로 대거 이주할 거라는 전망이 나오기도 했습니다. 그러나 이 우려는 과장된 것으로 드러났죠. 복지혜택엔 납세의 의무가 따르기 때문이에요. 무엇보다 일자리에도 수요·공급의 원리가 작동하기에 무턱대고 이주하는 사람은 많지 않았습니다.

② 자본 이동의 자유: 유럽연합의 기업과 시민은 다른 회원국의 시장에 자유롭게 투자할 수 있습니다. 독일 은행이 만든 금융 상품을 네덜란드에 판매하는 거예요. 이러한 자본 이동은 투자의 기회를 늘리는 동시에 새로운 사업의 등장과 생산력 증대에 기여합니다.

물론 자본 이동에 아무런 제약이 없다면 곤란해요. 예컨대 범죄 수익금을 다른 곳으로 옮겨서 정당한 돈으로 둔갑시키는 행위(돈세탁)가 일어날 수 있고, 세금을 회피하기 위한 수단(조세피난처)으로 이용될 수도 있기 때문이죠. 따라서 자본의 자유로운 이동을 허용하되 그 출처와 이동경로를 감시하는 제도는 반드시 필요해요.

③ 상품 이동의 자유: 앞서 관세는 자유로운 무역을 방해한다고 이야기했습니다. 그런데 세금을 부과하지 않고도 상품의 이동을 막는 방법, 이른바 **비관세장벽**이 있습니다. 자국 기업을 보호하기 위해 수입을 제한하거나 허가·통관에 까다로운 절차를 적용하는 거예요. 독일은 자동차 후미등 모양을 문제 삼아 이탈리아 자동차의 수입을 금지한 적도 있어요. 하나의 시장을 추구하는 유럽연합에서는 이런 비관세장벽도 점점 허물어지고 있습니다. 각 회원국의 상품은 서로의 국경을 오갈 때 번거로운 절차를 거치지 않아요. 이웃 나라로 휴가를 떠난 독일인은 돌아오는 길에 스위스산 초콜릿과 이탈리아산 커피를 자유롭게 가져올 수 있습니다.

④ 서비스 산업의 자유: 포르투갈 건축가는 폴란드에 멋진 집을 설계할 수 있어요. 프랑스 보험사는 지사를 설립하지 않고도 독일에서 가입자를 모집할 수 있어요. 물론 이들은 정부의 감독을 받

습니다. 고객이 불이익을 겪지 않도록 말이죠. 기업에 대해서도 마찬가지예요. 각국 정부는 자국 기업과 다른 회원국 기업을 차별할 수 없습니다. 독일 정부가 프랑스 기업과 경쟁하는 독일 기업에 보조금 등의 혜택을 지원하려면 유럽연합의 행정부인 유럽연합 집행위원회의 승인을 거쳐야 해요.

아무런 장벽 없이 자유로운 상거래는 당연한 게 아니에요. 무역이 생긴 이래 낯선 지역에 진출한 기업과 상인은 늘 텃세를 감수해왔습니다. 오늘날에도 중국이나 남아메리카 등지에선 외국 기업을 차별하는 경우가 흔합니다. 유럽연합이 구축한 단일 시장은 어느 대륙에서도 볼 수 없는 성공적인 경제적 통합 사례예요.

빈부 격차: 시장경제의 그늘

테슬라 전기자동차나 페이스북 같은 혁신적인 제품과 서비스는 일론 머스크와 마크 저커버그를 세계 최고의 부자로 만들었어요. 아마존의 창립자 제프 베이조스를 억만장자로 이끈 것도 온라인 상거래라는 새로운 시장이에요. 이처럼 시장경제에선 부자가 될 기회가 열려 있습니다. 그 기회란 그저 행운일 수도 있고, 특별한 아이디어나 영리함일 수도 있어요. 넓은 인맥, 부지런함, 추진력, 어쩌면 탐욕과 냉혹함도 필요할 겁니다. 이 모든 것의 조합일 수도 있죠.

그런데 그런 눈부신 성공 스토리 이면에선 경제적 격차가 갈수록 커지고 있습니다. 재분배 정책에도 불구하고 말이죠. 소득 격차도 문제지만 더 심각한 것은 부, 다시 말해 자산의 양극화입니다.

앞서 복식부기를 설명하면서도 자산이란 말을 사용했는데요. 일반적으로 **자산**이란 '금전적 가치가 있는 유무형의 모든 재산'을 가리켜요. 은행 계좌에 넣어둔 돈, 토지, 주택, 자동차, 주식, 귀금속 같은 것들이죠. 일해서 번 소득을 모은 재산도 자산에 포함됩니다.

30여 년 전부터 시장경제를 도입한 중국도 경제적 격차 문제로 골머리를 앓고 있어요. 2020년대 중국의 상위 1퍼센트 부자들은 하위 50퍼센트의 재산을 모두 합친 것보다 5배나 많은 재산을 갖고 있다고 해요.

이런 **부의 불평등**은 시장경제의 약점이고 해결해야 할 과제입니다. 물론 유럽이나 한국에서 굶어 죽을 위험에 처한 사람은 거의 없어요. 즉 오늘날 시장경제 사회에서는 당장 끼니를 걱정할 정도의 가난(**절대적 빈곤**)보다는 시민들의 삶의 수준이 크게 벌어지는 것(**상대적 빈곤**)이 더 문제가 되고 있습니다.

상대적 빈곤이란 같은 사회에서 누구는 돈이 너무 많아서 우주로 여행을 떠나는데, 다른 많은 이들은 입는 것과 먹는 것을 아끼며 비좁은 곳에서 살고 있는 현실을 뜻해요. 독일인 가운데 400만 명은 1년에 단 일주일도 휴가를 가지 못해요. 전 유럽으로 넓혀 보면 3500만 명, 유럽연합 시민의 10퍼센트가 같은 처지에 놓여 있습니다. 적게 버는 사람은 수명도 짧아요. 독일에서 가난한 도시와 농촌 지역 주민들은 부유한 지역 주민들보다 평균적으로 10년 먼저 생을 마감해요. 불평등은 이렇게 생애의 전반을 크게 좌우합니다.

독일 최고 부자 50인의 자산은 하위 50퍼센트에 해당하는 4000만 명의 자산과 맞먹어요. 하위 50퍼센트의 평균 자산은 5000유로(750만 원)예요. 새 자동차 한 대 가격에도 못 미치는 액수죠. 반면 최고 부자들의 평균 자산은 40억 유로(6조 원)에 달하죠. 무려 80만 배의 격차예요!

$$f(\omega) = \int_{-\infty}^{\infty} f(x) e^{-2\pi i x \omega} dx$$

$$\rho\left(\frac{\partial v}{\partial t} + v \cdot \nabla v\right) = -\nabla p + \nabla \cdot T$$

$$H = -\sum_{} p(x) \log$$

$$\frac{1}{2}\sigma^2 S^2 \frac{\partial^2 V}{\partial S^2} + r S \frac{\partial V}{\partial S} + \frac{\partial V}{\partial t} - r$$

$$C(Q, q_i, m_i) = \sum_{i=1}^{n}\left[\frac{D_i}{m_i q_i} S_i\right.$$

$$5\gamma^2)$$

$$\frac{d\Delta}{}$$

$$\frac{d\Delta M}{}$$

$$\Delta P_\mathcal{L} t^{\frac{1}{2}}$$

$$\int (\log \sin x)^2 dx$$

5

세계화,
자유무역,
일자리

신자유주의가 가져온 변화

제2차 세계대전이 끝난 뒤 수십 년간 자본주의는 황금기를 맞이합니다. 세계경제는 성장을 거듭했고 중산층이 두터워졌죠. 빈부 격차도 줄어들었습니다. 복지정책이 확대되고, 소득을 위에서 아래로 재분배한 결과였어요. 이를 위해 미국과 유럽의 각국 정부는 기업과 고소득자에게 높은 세금을 요구했습니다.

그런데 20세기 후반부터 정반대의 목소리가 등장해요. 세금을 줄일수록 사회 전체에 이익으로 돌아온다는 주장입니다. 부자와 기업의 세금을 깎아주면 더 많은 투자와 생산으로 이어지고, 그 성과가 모두에게 돌아간다는 논리죠. 정부의 역할보다 기업의 자유로운 경제활동을 강조하며, 언뜻 애덤 스미스의 '경제적 자유주의'와 닮은 듯한 이 사상에는 **신자유주의**라는 명칭이 붙었습니다. 신자유주의는 1970년대 후반~1980년대 초반 영국과 미국의 경제 노선으로 채택되며 전 세계에 영향을 미치게 됩니다.

미국은 한때 90퍼센트가 넘던 최고 소득세율을 30퍼센트 아래로 낮췄어요. 독일에서는 재산세가 폐지되고, 최고 소득세율도 56퍼센트에서 42퍼센트로 떨어졌습니다.

신자유주의는 정부가 시장에 개입하는 데 반대해요. 나아가 전력·가스 등 에너지와 상하수도, 철도와 도로, 우편과 통신같이 정부가 주도하는 공공서비스까지 민간기업이 맡아야 한다고 주장합니다. 이런 변화를 **민영화**라고 해요. 실제로 독일의 우편과 통신 서비스는 도이체포스트, 도이체텔레콤이라는 이름으로 민영화되었습니다. 신자유주의 경제학자들은 환경·안전 등과 관련한 각종 규제와 노조 활동에도 부정적이에요. 그럼에도 각국 정부는 이런 주장을 받아들였습니다. 신생 기업의 진출을 돕고 경제성장에 도움이 될 거라는 기대를 갖고서 말이죠.

왜 신자유주의가 힘을 얻었을까요? 1970년대 들어 미국 등 많은 나라들이 낮은 경제성장률, 높은 물가와 실업률, 국영기업의 부실한 운영, 과도한 국가채무(나라가 진 빚)에 시달리기 시작했어요. 신자유주의는 이런 문제들의 해결을 약속했죠. 변화가 필요했던 건 사실입니다. 경제 상황이 나빠지고 있음에도 노동조합은 높은 임금 인상을 고집했고, 이는 가뜩이나 치솟는 물가 상승을 더욱 부채질했습니다. 부자에 대한 과세에도 지나친 면이 있었어요. 예를 들어 《말괄량이 삐삐》로 유명한 스웨덴의 동화작가 아스트리드 린드그렌은 무려 102퍼센트의 소득세 통지서를 받은 적도 있습니다. 번 것보다 더 많이 내라는 황당한 요구였죠.

자본주의의 황금기와는 정반대로 나갈 것을 주장한 신자유주의 노선에 대한 평가는 엇갈려요. 철도 등 정부에서 제공해온 공공서비스를 민영화한 결과, 기업은 높은 이윤을 얻었지만 고객의 만족도는 훨씬 하락한 경우가 많습니다. 규제를 없애고 시장에 최대의 자유를 부여한 조치 역시 뜻하지 않은 문제를 낳았어요. 특히 2008년에 전 세계를 덮친 금융위기는 정부의 통제에서 벗어난 금융 산업의 탐욕으로 일어난 재앙이었죠. 이 사태로 수백만 개의 일자리가 사라졌답니다.

　무엇보다 신자유주의는 불평등을 심화시켰고 빈부 격차를 키웠어요. 정부가 감면해준 세금은 투자로 이어지기보다 기업과 부유층의 주머니로 들어갔고, 노동자에 대한 처우는 갈수록 나빠졌습니다.

독일은 어떻게 불평등한 국가가 되었을까요?

1912년 이탈리아의 통계학자 코라도 지니는 한 사회의 불평등 정도를 보여주는 **지니계수**를 고안했습니다. 지니계수는 0과 1 사이의 숫자로 나타내는데, 대체로 0.3~0.35를 기준으로 0에 가까울수록 평등하고 1에 가까울수록 불평등하다는 의미예요.

　선진국 가운데서도 스웨덴·노르웨이 등 복지국가로 이름난 북유럽 지역은 지니계수가 낮아요. 상대적으로 소득 격차를 경쟁의 자연스러운 결과로 받아들이는 미국과 영국 등은 지니계수가 높은 편이에요. 그런데 1980년대부터 대부분의 나라에서 지니계수가 올라갑니다. 0.25 정도를 유지하던 독일만 해도 1990년대 후반부터 눈에 띄게 상승해 오늘날엔 0.3을 넘나들고 있어요. 불평

등이 악화된 거죠.[+]

  왜 그렇게 되었을까요? 동독과 서독으로 갈라져 있던 독일은 1990년 한 나라가 되었습니다. 통일은 기쁜 일이지만 공산주의 경제를 자본주의 경제에 통합하는 일은 쉽지 않았어요. 통일 이후 동독 지역과 그곳 주민에게도 서독과 같은 수준의 복지와 공공서비스를 제공해야 했어요. 게다가 이 시기에 실업자가 크게 늘어났고 인구도 본격적으로 고령화하기 시작했죠. 다시 말해 돈 들어갈 일은 많은데 세금 낼 사람은 줄어드는 상황이 된 거예요.

  이에 2003년부터 독일 정부는 '하르츠 개혁'이라는 이름의 노동시장 개혁을 추진합니다. 총 4단계(하르츠 I·II·III·IV)로 진행된 이 정책의 목표는 실업자를 일터로 돌려보내는 것이었어요. 과거 독일에선 일자리를 잃은 사람에게 길게는 2년 8개월간 기존 소득의 3분의 2를 실업급여로 지급했고, 이 기간을 넘겨 장기 실업자가 돼도 벌던 돈의 절반가량을 실업부조로 제공했습니다. 여기에 저소득층이라면 별도의 생활 보조금까지 받을 수 있었죠.[++] 이러

[+]　한국의 지니계수 역시 독일과 비슷한 추세를 나타내고 있습니다.

[++]　복지국가의 핵심인 사회보장제도는 크게 사회보험과 공공부조로 나뉩니다. 사회보험은 가입자의 보험료로 운영되는 제도예요. 한국의 실업급여(고용보험), 국민연금, 산재보험, 건강보험 등이 바로 사회보험이에요. 공공부조는 국가가 세금으로 생활이 어려운 사람을 돕는 제도입니다. 한국에선 생계·의료·주거·교육 급여(보조금), 그리고 기초노령연금 등이 공공부조에 속해요.

다 보니 저임금 일자리를 구하는 것보다 실업자로 남는 걸 선택하는 사람도 많았습니다. 자녀가 있는 실업자 부부가 외벌이 부모의 소득보다 더 많은 지원을 받는 경우도 생겼어요. 낮은 지니계수의 원동력이던 튼튼한 사회안전망이 어느덧 사회에 부담으로 다가오기 시작한 거죠.

2005년 독일 정부는 하르츠 개혁의 마지막 단계인 하르츠Ⅳ를 시행하며 실업자에 대한 금전 지원 기간과 액수를 줄이고, 조건도 강화했습니다. 정부가 권유하는 일자리를 노동자가 계속 거부하거나 자신의 구직활동을 증명하지 못하면 지원이 깎이는 식이에요.

메메트의 삼촌 게오르크는 몇 년 전에 직장을 잃었어요. 오랫동안 일해온 제철소가 문을 닫은 거예요. 한동안 다른 제철소를 찾아보았지만 헛수고였죠. 중국과 인도 등지에서 더 싼값에 철강을 생산하면서 독일의 많은 제철소가 폐업하거나 해외로 이전했기 때문이에요. 게오르크가 받은 실업급여와 주거 보조금은 하르츠 개혁 이전보다 매달 300유로(45만 원)가 적어요.

하르츠 개혁의 옹호자들은 날로 커져가는 통일과 복지비용을 감당하기 위해 불가피한 정책이었다고 주장합니다. 실제로 당시 노동자와 기업이 부담하는 사회보장기여금(한국의 4대보험료)만 해도 40퍼센트 이상 폭등할 위험이 있었어요. 이러면 기업은 인건비가 싼 해외로 떠나려고 할 테죠. 게오르크의 사례처럼 국내 일자리가 사라지는 거예요. 이를 막기 위해 독일 정부는 국민연금 지급액 인상을 막거나 국민건강보험에서 환자들의 약값 부담률을 더 높이는 정책을 시행하기도 했습니다.

다행스럽게도 한때 500만 명에 달하던 실업자는 절반 가까이 줄었습니다. 경쟁력을 회복한 독일 기업은 더 많은 상품을 수출할 수 있게 되었죠. 그러나 이것이 하르츠 개혁(그 가운데서도 하르츠 IV)의 효과인지에 대해선 논란이 분분해요. 경제성장은 유럽연합 출범에 힘입은 것이고, 실업자 감소 역시 복지 혜택을 줄인 것보다 실업자에게 적절한 일자리를 연결해주는 정책 덕분이라고 보는 전문가도 많기 때문입니다.

독일은 어떻게 다시 공정해지고 있을까요?

최근 독일에서는 나빠진 삶의 질을 다시 회복하려는 흐름이 나타

나고 있어요. 2023년 독일 정부는 하르츠 개혁 이후 18년간 계속된 실업급여 제도를 '시민수당'이란 이름으로 대체했습니다. 급여 액수를 올렸고, 까다로운 조건들도 완화했어요.

이에 앞서 심화하는 불평등에 대처하기 위해 노동자의 **최저임금**을 법률로 보장했습니다. 2015년 시간당 8.5유로(1만2750원)를 그해 최저임금으로 정하기 전까지, 독일에서 임시직 노동자의 시급은 그 절반에도 못 미치는 경우가 흔했어요. 하루 8시간씩 한 달간 꼬박 일해도 손에 쥐는 돈은 600유로(90만 원)에 불과한 경우도 있었죠. 600유로는 하르츠 개혁으로 줄어든 실업급여와 주거 보조금을 더한 것보다 적은 금액이에요.

정부의 개입을 반대하는 경제학자들은 최저임금제도가 일자리 수십만 개를 없앨 거라고 경고했습니다. 그러나 일자리는 사라지지 않았습니다. 임금 상승은 소비의 증가로 이어졌고, 매출이 올라간 기업들이 다시 고용을 늘리는 결과로 이어졌기 때문이죠. 임금의 하한선을 떠받치는 최저임금제는 소득 격차를 줄이는 데도 긍정적인 효과를 발휘한 것으로 평가받아요. 이후 독일의 최저임금은 꾸준히 올라 2025년엔 시간당 12.82유로(1만9230원)를 기록했습니다.

메메트의 삼촌 게오르크는 마침내 제련공이 아닌 다른 직업을 찾기로 했습니다. 40세가 넘고, 자녀가 있는 그로서는 쉽지 않은 결정이에요. 새로운 일자리에 필요한 직업훈련이나 전문 교육을 마치기까지는 적잖은 시간이 걸릴 테니까요. 그동안 게오르크의 가족은 어떻게 살아야 할까요? 아내의 벌이와 정부에서 지원하는 약간의 직업훈련 수당만으로는 부족해요. 고민 끝에 게오르크는 별다른 기술이 필요 없는 택배 일을 시작했어요. 이제 그는 일주일에 20시간씩 일하면서 한 달에 1000유로(150만 원)를 집으로 가져갈 수 있어요. 최저임금제가 아니었다면 훨씬 적은 돈을 받았을 거예요.

세계화: 하나의 시장

오늘날 세계는 사람과 자원, 기술과 자본이 자유롭게 교류하면서 정치적·경제적·문화적으로 닮아가고 있습니다. 이런 흐름을 **세계화(글로벌라이제이션)**라고 해요. 인류는 지금껏 세 차례의 세계화를 경험했어요. 첫 번째는 15세기 유럽인의 신항로 개척, 두 번째는 18세기 산업혁명과 함께 시작된 장거리 교통수단의 발달과 국제

교류의 증가를 가리킵니다. 마지막 세 번째는 20세기 후반부터 우리가 경험하고 있는 시장경제, 그리고 정부의 개입을 최소화하는 국제 교역, 즉 **자유무역**을 중심으로 한 전면적인 세계화 현상이에요.

오늘날의 세계화는 특히 경제 분야에서 국경을 초월해 하나의 거대한 시장을 추구하고 있습니다. 이제 한국과 독일의 자동차 기업은 자국만이 아닌 전 세계 소비자를 염두에 두고 자동차를 만들어요. 동시에 두 나라 소비자들은 전 세계 각국에서 생산한 상품을 매일같이 입고 먹고 사용하죠. 한국과 독일의 GDP에서 수출입이 차지하는 비중(무역의존도)은 80~90퍼센트에 이릅니다. 그만큼 교역이 활발하다는 의미이지만, 달리 보면 국제정세의 영향을 강하게 받는다는 뜻이기도 해요. 이 또한 세계화의 특징입니다.

이런 세계화는 어떻게 이뤄졌을까요? 먼저 정치적으로는 자본주의와 공산주의의 경쟁, 즉 **냉전**이 끝난 것이 계기가 되었어요. 1980년대 후반부터 소련과 동유럽을 시작으로 공산주의 체제가 무너졌습니다. 중국은 그보다 앞서 시장경제를 받아들였죠. 미국·독일·한국·일본 등 자본주의 국가들에겐 새로운 시장이 열린 셈이에요. 여기에 인도·브라질·남아프리카 공화국 같은 신흥공업국(201쪽 참고)들까지 합류하면서 세계화는 대세가 되었습니다.

산업혁명을 이끈 기술 혁신은 세계화에도 결정적인 요인이 되었어요. 공장의 자동화는 전 세계에 공급하고도 남을 만큼 많은 제품을 만들어냈습니다. 화물 컨테이너의 발명은 운송비용과 시간을 획기적으로 낮추었죠. 뭐니 뭐니 해도 기술 혁신의 핵심은 디지털 혁명이에요. 인공위성과 해저케이블이 전 세계를 연결하고, 컴퓨터와 인터넷이 보급되면서 인류는 마침내 시간과 공간의 한계를 뛰어넘을 수 있게 되었습니다.

'표준화'의 역할도 무시할 수 없어요. 표준화란 일종의 약속이에요. 여러 나라의 시장 참여자들이 기술이나 제품 규격, 생산 공정 등을 통일해 공유하는 거죠. 기업이 세계 각지의 공장에서 똑같은 자동차와 약품을 생산해 일정한 규격의 컨테이너에 실어 내보내는 것, 전 세계를 연결하는 통신과 인터넷과 컴퓨터 기술에는 모두 표준화가 자리하고 있습니다. 공장 자동화, 물류혁명, 디지털 혁명을 가능케 한 원동력인 셈이죠.

자유무역이 유용한 까닭

국가 간 자유무역이 활발하면 왜 이득이 생길까요? 얼핏 생각하면 독일 기업이 미국에 자동차를 많이 팔수록 미국의 자동차 기업과 노동자가 피해를 입을 테니 정부가 나서서 막아야 하는 게 아닐

까요? 오늘날의 경제학자들은 아마 이렇게 대답할 거예요. 독일은 미국에 자동차와 의약품을 수출하고, 미국은 독일에 애플사의 IT 기기와 마이크로소프트와 구글의 소프트웨어, 음악과 영화 등의 문화 콘텐츠를 팝니다. 서로가 더 잘하는 걸 만들고 파는 거예요.

또한 자유무역은 자국 노동자들의 생계만 보장하는 게 아니라 상대국의 일자리도 늘립니다. 미국의 자동차 기업과 독일의 IT 기업은 상대국 기업과 경쟁하기 위해 품질 관리에 더욱 신경 쓰며 가격을 낮출 거예요. 그럴수록 소비자는 양질의 물건을 합리적인 가격에 살 수 있어요. 결국 교역을 통해 생산과 소비가 커지고 경제가 성장합니다.

어때요? 아직도 아리송한가요? 그럴 수도 있어요. 산업혁명이 막 시작될 무렵의 경제학자들도 과연 무역이 이익인지 손해인지를 두고 치열한 논쟁을 벌였거든요. 여기서 또 한 명의 위대한 경제학자 데이비드 리카도가 등장합니다. 그는 **비교우위**라는 개념을 통해 무역의 이로움을 명쾌히 논증해냈습니다.

리카도의 비교우위론을 달리 표현하면 '분업의 국제화'라고 할 수 있습니다. 아무리 다재다능한 사람이라도 모든 걸 혼자서 해낼 수는 없어요. 자기만의 분야를 갈고닦아서 기술자, 교사, 과학자가 되듯 국민경제 측면에서도 특별히 품질이 뛰어나거나 저렴하게 생산하는 분야를 특화하고, 다른 물건은 수입하는 게 낫다는 겁니다. 물론 기업들은 계속해서 다양한 제품을 만들겠지만 수출 상품은 점점 특화될 거예요. 이란의 석유, 베트남의 의류, 한국의 반도체처럼 말이죠.

그렇다면 각국의 대표 상품은 어떻게 정해질까요? 스웨덴 경제학자 엘리 헤크셰르와 베르틸 올린이 이 문제를 연구했습니다. 그들에 따르면 무엇을 더 많이 가지고 있느냐가 중요해요. 미국이나 독일처럼 자본과 기술력이 풍부한 나라는 대개 전자제품이나 정밀기계, 의약품 분야에서 비교우위를 가집니다. 반면에 인구가 많고 임금이 저렴한 인도, 브라질, 방글라데시 같은 나라라면 식품이나 의류처럼 노동력이 많이 들어가는 경공업을 특화하는 거죠.

자유무역에 대한 공감대는 2차 세계대전 이후 본격화합니다. 1947년 23개 나라들이 스위스 제네바에 모여 '관세 및 무역에 관한 일반협정(GATT)'을 맺었어요. 무역을 가로막는 관세와 비관세 장벽을 하나씩 허물기로 약속한 거예요. 이 협정을 바탕으로 1995년에는 **세계무역기구(WTO)**가 출범합니다. 세계무역기구는 상품·서비스·지적재산권 등 모든 분야의 교역을 관장하는 국제기구예

비교우위는 어떻게 작동할까?

애덤 스미스와 그의 핀 공장을 기억하죠? 250년 전 스미스는 영국과 포르투갈이 교역을 하면 두 나라 모두에게 이익이 생긴다고 주장했어요. 가령 영국인은 포르투갈인보다 양모를 더 잘 만들고, 포르투갈에선 영국보다 질 좋은 포도주가 생산돼요. 따라서 영국은 양모를, 포르투갈은 포도주를 서로에게 내다팔면 두 나라 모두에 이익이라는 얘기예요. 어때요. 여기까진 어렵지 않죠?

그런데 만약 기술이 발전해서 포르투갈이 양모 생산력에서도 영국을 약간이나마 앞선다면 어떨까요? 이러면 이야기가 다르지 않을까요? 그런데 데이비드 리카도는 이 경우에도 두 나라는 양모와 포도주 무역을 계속하는 게 이익이라고 말합니다. 포르투갈이 포도주를 영국의 절반 가격에, 양모 역시 20퍼센트 더 저렴하게 생산한다고 가정해볼까요. 이 경우에도 포르투갈이 양모 생산에 노동력을 투입하는 건 낭비예요. 가장 큰 이익을 주는 포도주 생산량이 그만큼 감소할 테니까요. 따라서 영국은 말할 것도 없고, 포르투갈 역시 양모는 수입하고 포도주 생산에만 집중하는 게 더 낫다는 거죠.

리카도는 비교우위라는 개념을 통해 이 문제를 설명해요. 비교우위란 어떤 제품을 생산할 때 경쟁자보다 기회비용*이 낮은 경우를 가리켜요. 영국은 양모를, 포르투갈은 포도주를 생산할 때 드는 비용이 상대국가의 생산비용보다 적으므로 각각의 상품에 '비교우위가 있다'고 표현합니다. 리카도는 비교우위를 가진 분야를 특화해서 교역에 나서는 게 더 유익하다는 결론에 도달했어요. 그것이 가장 효율적일뿐더러 시장이 확대됨으로써 경제라는 파이가 더욱 커진다는 거죠. 비교우위론은 자유무역의 가치를 명쾌하게 보여주지만, 당대의 국왕과 권력자들은 이를 깨닫지 못했어요. 세상이 그의 주장을 받아들이는 데는 더 긴 시간이 필요했습니다.

✦ 무엇을 선택하기 위해 포기한 것들 가운데 가장 가치가 큰 것의 비용을 뜻해요. 쉽게 말해 포르투갈이 양모를 생산할 때의 기회비용은 그 선택으로 줄어든 포도주 생산량이라고 할 수 있어요.

요. 무역 장벽을 해소하고 분쟁을 해결함으로써 전 세계를 하나의 경제권으로 통합하는 게 목표입니다.

그런데 이 이야기, 어딘가 익숙하지 않나요? 세금(관세)과 규제의 철폐, 정부가 개입하지 않는 자유로운 시장, 단일 경제권…. 맞습니다. 자유무역의 확대는 유럽 27개국이 유럽연합으로 통합되는 과정과 흡사해요. 요컨대 자유무역 시대, 유럽연합의 탄생, 세계화는 별개의 이야기가 아니라 맞물려 돌아가는 하나의 큰 흐름이에요. 실제로 유럽연합은 2010년 한국을 시작으로 여러 나라와 관세를 철폐하는 자유무역협정(FTA)을 맺고 있어요. 유럽 안에서의 세계화에 성공한 뒤에도 더 큰 단일 경제권을 추구하고 있는 셈이죠.

보호무역: 트럼프는 왜 관세에 집착할까요?

한편 자유무역의 건너편에는 **보호무역**이 있습니다. 자국의 산업을 보호한다는 뜻이죠. 이를 위해 수입품에 높은 관세나 엄격한 허가 절차를 적용하고, 때로는 수입 자체를 제한하는 조치를 취하기도 해요. 다시 말해 자유무역을 막는 각종 장벽이 곧 보호무역의 주요 정책이에요.

자유무역과 보호무역은 번갈아 가며 세계경제를 주도해왔습니다. 18세기 산업혁명 이전까지는 보호무역이 대세였어요. 당시 각국의 경제적 목표는 금과 은을 모으는 것이었고, 이를 위해 국가가 상인의 거래 활동을 통제했습니다. '국부의 유출을 막는다'는 명분으로요.

여기에 이의를 제기한 게 애덤 스미스의 '보이지 않는 손'이에요. 이후 산업혁명으로 생산량이 폭증하고, 각국이 통상조약을 체결하며 비로소 자유무역의 시대가 열립니다. 그러나 1차 세계대전(1914~1917)과 대공황(1929)이라고 불리는 경제 위기를 맞아 각국 정부는 자국 기업과 일자리를 지킨다는 명분으로 또다시 관세율을 높이고 교역의 문을 걸어 잠갔습니다. 불행하게도 이 조치들은 오히려 문제를 악화시켰어요. 상황이 반전된 것은 2차 세계대전 (1939~1945)이 끝나고 나서였어요. 폐허가 된 세상을 전쟁이 아닌 경제로 되살리기 위해 자유무역이 해법으로 떠올랐죠. 세계화라는 흐름과 함께 자유무역은 거스를 수 없는 대세가 된 듯했습니다. 그렇다면 보호무역은 박물관으로 들어간 걸까요? 그렇지 않아요.

미국의 기업가 도널드 트럼프는 2016년과 2024년 미국 대통령 선거에서 보호무역을 공약으로 내걸고 승리했습니다. 미국은 오래전부터 중국과 독일, 한국 등과의 교역에서 막대한 무역 적자를 보고 있어요. 미국이 수출한 금액이 수입한 것보다 적다는 뜻이에요. 이에 트럼프는 미국의 기업과 일자리를 보호할 것이고, 수입은 필요하지 않다고 말하며 '무역전쟁'을 선포했습니다. 이 전쟁의 무기는 관세예요. 미국이 수입품에 수십 퍼센트의 높은 관세를 부과하면, 상대 국가도 미국에서 들여오는 상품에 보복 관세를 매기며 맞대응하는 식으로 진행되었습니다.

트럼프는 다른 나라가 무역을 통해 미국의 이익을 빼앗아간다고 공공연히 언급했습니다. 그의 생각은 국제 교역을 크기가 정해진 파이를 놓고 다투는 '제로섬 게임'으로 본 그 옛날 보호무역주의자들의 주장을 빼닮았어요.

트럼프 행정부는 중국·독일 등 외국산 제품을 미국에서 몰아내면 모든 문제가 사라질 거라고 자신했습니다. 이 단순한 해법은 "미국이 먼저다!"라는 선동적 구호와 맞물려 유권자의 지지를 받았어요. 그런데 독일산 자동차와 중국산 컴퓨터의 수입을 막고 미국에서 직접 생산하면 무역 적자가 줄고 일자리도 늘어날까요? 문제는 그렇게 간단하지 않아요.

트럼프의 보호무역 정책은 두 가지 모순을 갖고 있어요. 첫째, 예를 들어 미국이 외국산 상품에 관세를 부과하면 상대 국가 역시 미국산 상품에 관세를 매길 거예요. 그럼 미국 기업은 그만큼 해외 시장에서 경쟁력을 잃겠죠. 기업의 이윤이 떨어지면 일자리도 줄어들게 됩니다. 둘째, 관세는 미국 시민에게도 손해를 끼칩니다. 미국인들이 독일산 자동차를 구매하는 건 미국 차보다 성능이 좋거나, 비슷한 성능에 값이 더 저렴해서입니다. 그런데 관세를 매겨 버리면 똑같은 독일 차를 더 비싼 값에 사거나 성능이 그보다 못한 미국 자동차를 사야 해요.

2018년 트럼프 행정부는 미국의 최대 수입국이던 중국에 25퍼센트의 관세를 부과하며 무역전쟁을 시작했어요. 그러나 이 전쟁은 미국의 무역 적자를 눈에 띄게 개선하지 못했어요. 중국과의 교역 성적이 나아지긴 했지만, 그만큼 멕시코·베트남 등 다른 나라에서의 수입이 늘었기 때문이죠. 일자리 상황도 신통치 않아요. 관세가 국내 일자리 증가로 이어지려면 중국 기업과 경쟁하는 미국 기업의 생산이 증가해야 해요. 그러나 실제로는 수입처를 바꾼 것에 불과했기에 큰 효과를 기대하기 힘들었습니다. 오히려 중국의 보복 관세 때문에 미국 농업과 식품업계의 일자리가 줄어들었다는 뉴스가 나오기도 했어요.

2025년, 백악관에 재입성한 2기 트럼프 행정부는 더 강력한 관세 카드를 꺼내들며 전 세계를 향해 2차 무역전쟁을 선포했습니다. 이번 전쟁의 결과는 어떻게 될까요?

트럼프의 무역전쟁을 통해 우리는 비교우위의 원리를 재확인할 수 있습니다. 다른 나라가 더 잘 만들 수 있거나, 적어도 더 싼값에 만들 수 있는 물건을 직접 생산하는 건 이익이 되지 않는다는 거예요. 중국이 선풍기·냉장고 같은 가전제품을 한국이나 독일보다 더 싸게 만들 수 있는 이유는 임금이 낮기 때문이에요. 미국 기업 애플이 중국과 인도에 아이폰 제조공장을 세운 이유도 마찬가지죠. 반면 한국이나 독일처럼 임금 수준이 높은 나라일수록 반도체·자동차 같은 복잡하고 기술력이 필요한 제품을 생산하는 게 유리해요.

독일인들은 중국이나 인도에서 생산된 아이폰을 사용해요. 독일은 아이폰의 주요 부품을 애플에 공급할 만큼 충분한 기술력을 갖춘 나라인데, 왜 아이폰을 직접 만들지 않고 수입할까요? 독일에서 조립한 아이폰은 그만큼 가격이 올라가기 때문이에요. 메메트가 독일산 아이폰을 산다면 다른 데 쓸 돈이 줄어들 겁니다. 그건 다른 상품의 매출일 수도, 메메트의 저축이 될 수도 있는 돈이에요. 같은 결과가 독일의 모든 소비자와 기업에게 벌어지는 거죠.

세계화의 빛과 어둠

그런 한편으로 도널드 트럼프의 대선 승리는 미국인들이 자유무역과 세계화에 적잖은 불만을 갖고 있음을 보여주기도 합니다. 유럽의 여론도 비슷해요. 2016년 트럼프가 당선되기 몇 달 전 영국은 국민투표를 통해 유럽연합 탈퇴(브렉시트)를 결정했습니다. 독일과 프랑스에서도 그와 비슷한 입장의 정당들이 세력을 키워가고 있어요.

이런 반-세계화 현상을 이해하려면 세계화의 밝음과 어둠을 함께 살펴야 합니다. 일테면 한국과 독일에 세계화는 유익한 것일까요? 우선 두 나라의 GDP는 세계화 시기인 1990~2010년대에 걸쳐 비약적으로 증가했습니다. 국가의 부가 쌓이고, 국민 전체의 소득이 늘었다는 뜻이죠. 분명 커다란 성과입니다.

그러나 그 과실이 모두에게 고르게 분배되었다고 보긴 힘들어요. 세계화 시기에 꾸준히 증가한 양국의 지니계수가 이를 단적으로 보여줍니다. 또한 세계화는 두 나라의 몇몇 산업과 노동자들을 전에 없던 극심한 경쟁으로 몰아갔어요.

오늘날 독일과 한국에서 철강·자동차·조선·건축 노동자들은 동유럽·동남아시아·중국의 이주 노동자들과 경쟁해야 합니다. 임금은 제자리걸음이거나 (물가 상승을 감안하면) 떨어지기까지 했어요. 그럼에도 기업들은 더 값싼 노동력을 찾아 공장을 외국으로 옮겼습니다. 어떤 산업은 흔적도 없이 사라지기도 해요. 독일에선 더 이상 옷이나 신발 공장을 찾아보기 어려워요. 메메트의 삼촌 게오르크가 다니던 제철소처럼 말이죠. 실업에서 벗어나려면 게오르크처럼 다른 직업을 찾아야 해요. 물론 그 일자리의 환경이나 대우는 과거보다 떨어질 가능성이 큽니다.

독일의 경제학자 옌스 쥐데쿰은 산업 변화에 맞춰 노동자가 직업을 바꾸는 일의 어려움을 이렇게 표현합니다. "어제의 재단사와 제련공은 내일의 경영 컨설턴트가 아니다. 번듯한 사무실보다는 마트 계산대에서 그들을 만날 가능성이 더 크다."

대부분의 나라에서 비슷한 현상이 관찰되고 있어요. 트럼프가 문제 삼은 미국의 무역 적자와 일자리 감소 역시 세계화와 뗄 수 없는 문제입니다.

패자부활전

세계화의 그늘을 어떻게 걷어낼 수 있을까요? 트럼프의 보호무역은 해법이 되기 힘듭니다. 해결은커녕 도리어 세계경제를 위축시키고 사람들의 소득을 줄이는 결과를 내고 있으니까요. 그렇다고 이대로 둘 수는 없습니다. 세계화로 소외된 분야와 계층에 신경을 써야 해요. 시장경제가 자원을 공평하게 분배하지 못하는 상황을 **시장실패**라고 합니다. 세계화의 그늘은 시장실패의 한 사례로 볼 수 있어요. 그럴 땐 정부가 나서야 해요. 트럼프 같은 정치인들이 인기를 끈 것은 우연이 아니에요. 빈부 격차는 날로 커지는데 게오르크 같은 피해자를 돌보지 않은 정부에 실망했기 때문이죠. 실제로 정부가 할 수 있는 일은 적지 않습니다.

예를 들어 사회의 중산층 이하 계층의 '가처분소득'을 높이는 방법이 있어요. 가처분소득은 처분이 가능한 소득, 즉 소비나 저축·투자 등에 자유롭게 사용할 수 있는 돈이에요. 대개 1년간 경제 활동으로 벌어들이거나 정부에서 지원받은 금액에서 세금과 사회 보험료 등을 뺀 소득을 가리켜요. 빈곤계층의 세금을 낮추거나 사회보험료 일부를 정부에서 지원해주면 이들의 가처분소득이 올라갑니다. '근로장려금'이라는 제도도 있어요. 저소득 노동자나 자영업자의 생계비를 보조해주는 정책으로, 역시 가처분소득을 높일 수 있습니다.

물론 이런 지원책에는 적잖은 세금이 들어갑니다. 세계화의 혜택을 더 많이 입은 대기업과 부유층이 더 큰 부담을 지는 게 공평할 거예요. 지난 2001~2011년 독일의 노동자 연봉은 27퍼센트 상승하는 데 그쳤지만, 기업 경영자의 연봉은 2002년부터 10년간 무려 270퍼센트가 올랐습니다.[6] 한국 역시 대기업과 중소기업의 임금 격차가 평균 두 배에 이른다고 해요.[7]

정부는 또 무엇을 할 수 있을까요? 일터에서 밀려난 사람들의 재기를 도울 수 있습니다. 구직자에게 새로운 일자리를 연결해 주고, 그곳에서 잘 해낼 수 있도록 교육 프로그램을 제공하는 거죠. 전혀 다른 직업에서 요구하는 기술과 능력을 키우는 동안 생계가 위협받지 않도록 배려하는 일도 빼놓을 수 없습니다.

제련공 게오르크의 이야기를 더 들여다볼까요. 그는 택배 일을 하면서 대우가 더 나은 일자리를 찾아보고 있어요. 취업지원청을 방문해 자신의 적성과 맞는 업무에 대해, 그리고 최근의 구인 동향에 대해 상세한 상담을 받았습니다. 게오르크는 노인 요양보호사 자격증을 딸 생각이에요. 사람과 소통하면서 돌보는 일이 적성에 맞는다고 판단한 거죠. 마침 병원과 복지시설에서 요양보호사 수요가 크게 늘고 있어요. 교육훈련 기간엔 금전적 지원도 받을 수 있습니다.

이런 노력이 늘 성공하는 건 아니에요. 새 직업에 필요한 능력을 습득하지 못하는 노동자도 많아요. 자격을 갖췄더라도 결국 적응에 실패할 수 있고요. 나이 제한이나 편견에 막혀 아예 도전할 엄두를 못 내기도 하죠. 그럴수록 정부는 경쟁에서 밀려난 사람들에게 관심을 갖고 재기의 기회를 제공해야 해요.

한편 이런 정도의 조력으로 감당할 수 없는 문제도 있어요. 특정 지역의 산업이 한꺼번에 몰락하는 경우가 그래요. 독일 신발 산업의 심장으로 통하던 라인란트팔츠 주 피르마젠스에서는 일자리 3만 개 중 90퍼센트가 사라졌습니다. 남유럽과 아시아의 값싼 신발에 밀려났기 때문이죠. "도시 전체의 불이 꺼졌어요." 그곳에서 만난 한 목사가 한숨을 내쉬며 말했습니다.

하지만 이렇게 차라리 다른 도시로 떠나는 게 나은 상황에서도 정부가 할 수 있는 일은 존재합니다. 일테면 보조금과 세제 혜택을 마련해 지역에 새로운 산업을 유치하는 거예요. 교통망과 건물을 재정비하는 식으로 일자리를 만들 수도 있죠. 이런 정책은 실업 문제에도 도움이 되겠지만 기업 활동의 기반이 되기도 해요. 물론 매번 이런 정책을 사용할 수는 없습니다. 큰돈이 들어가는 만큼 신중하게 검토하고 결정해야겠죠.

서비스업: 일자리가 사라지지 않는 까닭

어쩌면 여러분도 그런 걱정을 하고 있을지 모르겠어요. 결국 모든 기업이 더 저렴한 노동력을 찾아 외국으로 떠나는, 그래서 모든 일자리가 사라지는 상황을요. 실제로 이런 우려는 수십 년 전부터 진지하게 제기되어 왔습니다. 그러나 한국과 독일에선 여전히 반도체와 철강 그리고 자동차를 만들고 있고, 해당 분야에서 세계 최고 수준의 경쟁력을 갖고 있어요. 이런 일이 어떻게 가능할까요? 비결은 아이러니하게도 높은 임금이에요. 정확히는 고임금에 걸맞은 기술력, 그리고 그걸 구현해낼 수준 높은 노동력이죠. 이를 바탕으로 두 나라는 각자의 특화 산업에서 높은 생산성을 발휘하고 있어요.

생산성이 높다는 건 업무 진행이 효율적이라는 뜻이에요. 실수나 불량이 적다는 의미이기도 하고, 공정을 최적화하는 노하우와도 관련이 깊습니다. 가령 자동차 공장의 생산성이 높다는 건, 같은 수의 노동자가 같은 시간 동안 더 많은 자동차를 더 적은 결함으로 만들어내는 것을 의미해요.

임금 수준은 산업의 변화와 함께 움직입니다. 임금이 높은 나라일수록 생산 과정에서 가치가 크게 올라가는 산업(고부가가치 산업)에 주력하죠. 대부분 높은 지식과 기술력, 숙련된 노동력이 필요한 제조업과 서비스업이에요. 한국과 독일에서 반도체와 자동차, 석유화학제품이 특화되면서 의류·신발 산업은 중국 등 임금이 더 저렴한 나라로 옮겨갔습니다. 이걸 **산업구조 변화**라고 해요.

고부가가치 산업도 언젠가 따라잡히지 않겠느냐고요? 그럴 수 있습니다. 실제로 중국은 이미 상당한 품질의 반도체와 자동차를 생산하고 있어요. 물론 임금도 그만큼 올랐죠. 그에 따라 중국으로 옮겨간 옷과 신발 산업은 이제 동남아시아 지역으로 넘어갔어요. 한국과 독일의 산업도 멈춰 있지 않겠죠. 계속 발전하고 변화할 거예요.

무엇보다 외국과의 경쟁과 별개로 한국·독일의 일자리 숫자는 유지되고 있어요. 여기엔 사람들에게 편의와 즐거움을 제공하는 서비스업의 발전이 큰 몫을 차지해요. 중국이나 폴란드의 미용실이 더 저렴하다고 해서 독일에 사는 제니가 머리를 자르러 날아가지는 않겠죠. 의료·법률·무역·금융·교통·통신·금융·관광·엔터테인먼트·외식 산업 등 사람들에게 편의와 즐거움을 제공하는 대부분의 서비스업 일자리도 마찬가지예요.

영국의 경제학자 콜린 클라크는 산업구조를 1차(농·수·축산업), 2차(공업), 3차(서비스업)로 분류하면서 경제가 발전할수록 1차 산업보다 2차, 3차 산업의 일자리가 크게 늘어날 것으로 전망했어요. 실제로 소득이 높은 선진국일수록 서비스업의 비중이 크게 나타납니다. 한국과 독일도 전체 노동자의 70퍼센트 이상이 서비스업에 종사하고 있어요. 여러분의 부모님이 중학생이었을 때와 비교하면 두 배 가까이 오른 수치예요.

기술 발전에 울고 웃는 일자리

증기기관에서 인공지능에 이르기까지 기술 발전은 수많은 일자리를 없애고 또 만들었습니다. 1876년 발명된 전화를 살펴볼까요? 목소리를 전기신호로 바꿔 먼 곳에서도 실시간 소통을 가능하게 만든 전화 기술은 엄청난 수의 일자리를 만들어냈습니다. 헤드셋을 착용한 채 전화 거는 사람과 받는 사람을 연결해주는 전화교환원이에요. 1929년 미국의 통신 기업 에이티엔티(AT&T) 한 곳에만 16만 명이 넘는 교환원이 일했다고 하죠. 그런데 자동교환 기계와 사용자가 직접 전화번호를 입력하는 다이얼 전화기가 개발되면서 전화교환원은 빠르게 자취를 감췄습니다. 기술 발전으로 만든 일자리가 또 다른 기술 발전으로 사라진 셈이죠.

　　1880년대까지만 해도 사진 한 장을 찍기 위해 숙련된 기술자와 무거운 장비, 수십 분의 기다림이 필요했습니다. 하지만 미국 기업 코닥의 설립자 조지 이스트먼이 현대식 필름과 휴대용 필름 카메라를 잇달아 개발하면서, 누구나 언제 어디서든 손쉽게 사진을 찍을 수 있는 시대가 열렸어요. 카메라와 필름이라는 거대한 산업이 탄생했고, 코닥은 150개 나라에 15만 명의 직원을 둔 대기업으로 성장했습니다. 그뿐만 아니라 사람들이 사용한 필름을 사진으로 인화해주는 사진관이 전 세계 방방곡곡에 셀 수도 없이 들어섰죠. 기술 발전이 일자리로 이어진 거예요.

1975년 코닥은 필름이 필요 없는 디지털 카메라를 최초로 개발하는 데도 성공해요. 하지만 어쩐 일인지 이 기술을 그냥 묻어두기로 결정합니다. 잘나가던 필름 시장에 악영향을 끼칠 수 있다는 이유였죠. 훗날 디지털 카메라와 스마트폰의 시대가 열릴 때까지도 코닥은 이런 입장을 고수했고, 얼마 지나지 않아 필름과 필름 카메라는 추억의 물건이 되어버렸습니다. 코닥의 직원 수는 5000여 명으로 쪼그라들었고, 동네마다 보이던 사진관들도 자취를 감추었어요.

여전히 사람들은 매순간을 사진으로 남기지만, 손에 든 건 필름 카메라가 아니라 스마트폰입니다. 디지털 카메라 기능을 갖춘 스마트폰 제조사인 애플과 삼성전자는 각각 10만 명 이상을 고용하고 있어요. 스마트폰의 대중화에 힘입어 탄생한 페이스북·인스타그램에서도 7만 명이 넘는 사람이 일하고 있습니다. 기술 발전으로 사라진 일자리를 또 다른 기술 발전이 채워낸 거예요.

오늘날 디지털 및 에너지 분야의 기술 혁신으로 산업·기업·일자리 현황은 더욱 급변하고 있어요. 자동차 산업이 대표적입니다. 배터리와 전동기를 장착한 전기차가 150년 역사의 내연기관 자동차를 몰아내는 중이에요. 조만간 휘발유나 경유를 사용하는 내연기관 자동차의 생산이 중지된다고 합니다. 약 3만 개의 부품으로 완성되는 자동차 업계의 판도가 뒤바뀌는 거죠. 이뿐만 아녜요. 앞으로 자동차 산업의 이익은 자동차 그 자체보다 차에 탑재된 소프트웨어에서 나온다고 합니다. 사람 대신 인공지능이 운전하는 자율주행 시스템이 나날이 발전하고 있기 때문이에요.

미국의 전기차 기업 테슬라는 이 두 분야에서 두각을 드러내며 엄청난 성공을 거두었습니다. 내연기관 자동차의 발상지인 독일에도 대규모 테슬라 공장이 들어서며 유럽 시장을 넘보고 있어요. 현대자동차그룹과 폴크스바겐, 메르세데스-벤츠 등으로 대표되는 한국과 독일의 자동차 기업들은 이런 변화에 어떻게 대처해나갈까요? 앞으로도 계속해서 업계를 주도해나갈까요? 아니면 코닥과 같은 길을 걸을까요? 두 나라 자동차 산업 일자리 130만 개의 운명이 함께 걸린 문제입니다.

줄어드는 노동시간과 인류의 미래

산업혁명을 경험한 인류는 막연한 두려움을 가지게 되었어요. 기술과 기계에 밀려 쓸모없는 존재로 전락할지 모른다는, 일터에서 쫓겨나 하루하루 생계에 허덕이게 되리라는 두려움입니다. 실제로 기계는 사람의 일 상당수를 대체했어요. 앞서 소개한 전화교환원은 50년 전에 사라진 직업이 되었죠. 은행 창구를 지키던 행원 수도 크게 줄었어요. 현금자동지급기와 금융 애플리케이션이 그들의 일을 대신합니다. 음식점이나 상점의 접객 업무도 나날이 무인화하고 있어요.

    기술 발전과 세계화로 1990년대 이후 독일에서만 250만 개의 일자리가 사라졌어요. 2013년 영국 옥스퍼드대학교의 경제학자 칼 베네딕트 프레이와 기계공학자 마이클 A. 오즈번은 20년 내에 사람이 하는 직업의 절반을 컴퓨터와 로봇과 그 밖의 기계가 대신하게 될 거라는 공동연구 결과를 발표

했습니다. 2020년이 되자 프레이는 자동화를 도입한 중국에서 1250만 개의 일자리가 사라졌다며 7년 전의 전망이 현실화하고 있음을 재차 경고했어요. 여기에는 의료나 프로그래밍 같은 소수 전문가의 영역도 더 이상 예외가 아닙니다.

그렇다고 해서 기술 발전을 멈출 순 없어요. 오늘날 80억 인류가 누리는 풍요와 자유를 포기할 각오가 아니라면 말이죠. 생명공학과 농업 자동화는 굶주림에서, 세탁기와 청소기를 비롯한 가전제품의 발전은 매일 반복되는 가사노동에서 인류를 해방시켰습니다.

상당수의 경제학자는 여전히 기술 발전을 기회로 여깁니다. 힘들고 위험하고 반복적인 일은 기계가 대신하고 사람은 더 창의적인 일, 예컨대 상상력이 필요하거나 사람들에게 즐거움과 위로를 제공하는 일에 매진할 수 있다는 거죠. 기술 발전의 이점은 이밖에도 더 있어요. 일하는 시간이 줄어든다는 건 자유 시간이 그만큼 늘어난다는 뜻이에요. 최소한의 벌이만 보장된다면 우리는 그 시간을 더 즐길 수 있어요.

농경시대의 농부들은 꼭두새벽부터 해가 질 때까지 논밭을 일궜습니다. 산업혁명 초기에도 영국 노동자들은 길게는 하루 16시간씩 일터에 매여 있었죠. 하지만 현대인들의 하루 평균 노동시간은 8시간 안팎이에요. 1930년 영국의 경제학자 존 메이너드 케인스는 100년쯤 뒤에는 하루에 3시간만 일해도 충분할 것이라고 전망했습니다. 이를 통해 사람들은 더 많은 자유를 누릴 수 있다고 보았어요.

이 멋진 상상에는 그러나 한 가지 조건이 있습니다. 기계의 경제활동이 만든 이익을 모든 사람에게 나눠야 한다는 거죠. 어떻게 해야 할까요? 첫째, 가능한 많은 사람이 기업에 지분(주식)을 갖고 그에 따른 이익을 공유하는 거예요. 이와 함께 노동자가 회사의 주요 의사결정에 참여하는 장치(독일에선 이를 '공동결정제도'라고 해요)를 마련할 필요도 있겠죠. 둘째, 국가가 기계의 경제활동에 세금을 거두고 이를 지분이 없는 사람들에게도 분배하는 거예요. 이런 조건이 충족되지 않고서 사람의 노동시간만 줄어든다면 기계의 높은 생산성이 오히려 빈부 격차를 키우게 될 겁니다.

$$f(\omega) = \int_{-\infty}^{\infty} f(x) e^{-2\pi i x \omega} \, dx \, \frac{dt}{d}$$

$$\rho \left(\frac{\partial v}{\partial t} + v \cdot \nabla v \right) = -\nabla p + \nabla \cdot T$$

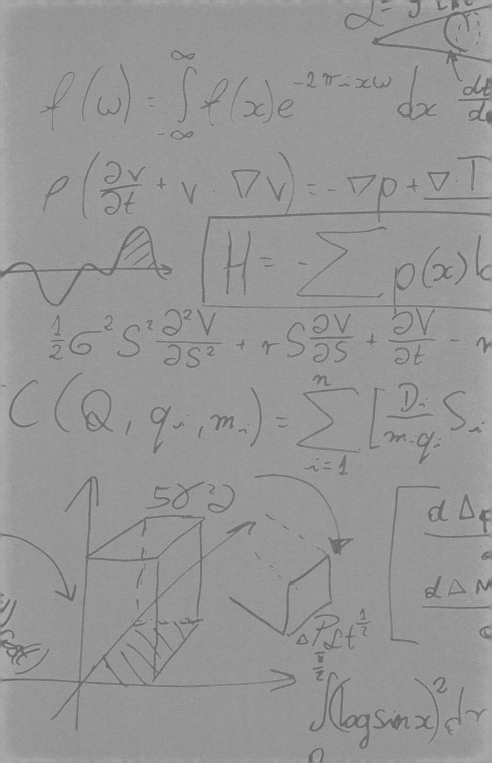

$$H = -\sum p(x) b$$

$$\frac{1}{2}\sigma^2 S^2 \frac{\partial^2 V}{\partial S^2} + r S \frac{\partial V}{\partial S} + \frac{\partial V}{\partial t} - r$$

$$C(Q, q_i, m_i) = \sum_{i=1}^{n} \left[\frac{D_i}{m_i q_i} S_i \right.$$

$5\gamma^2)$

$$\frac{d\Delta_f}{d\Delta M}$$

$$\Delta P \mathcal{L} t^{\frac{1}{2}}$$

$$\frac{1}{2}$$

$$\int (\log \sin x)^2 \, dx$$

6

기후변화와 빈곤

너무 많은 이산화탄소로 생긴 일

메메트는 매주 금요일마다 '미래를 위한 금요일'이라는 기후행동 촉구 시위에 참여하고 있습니다. 처음엔 이 시위가 한때의 유행이고 곧 끝날 거라고 여겼지만, 이젠 생각이 바뀌었어요. 그레타 툰베리와 루이자 노이바우어 같은 활동가들이 기후변화는 별일이 아니라는 어른들의 주장을 쓸어버렸기 때문이에요. 이 시위는 지구가 돌이킬 수 없이 망가지고 있고, 그 과정을 메메트의 세대가 눈을 부릅뜨고 지켜보고 있다는 걸 세상에 알리는 자리입니다. 마침내 사람들도 이들의 목소

리에 주목하기 시작했죠. 메메트는 긴 여정이 시작되었다는
걸 느껴요.

    산업혁명 이후 약 200년간 지구의 표면 온도는 섭씨 1도 이상 따뜻해졌습니다. 고작 1도라고 생각할지도 몰라요. 하지만 이 거대한 행성의 온도를 1도 올리는 데는 상상하기 힘든 에너지가 필요하답니다. 한 연구에 따르면 지구 전체가 아닌 바닷물의 온도를 1도 올리는 데만 해도 2차 세계대전 당시 히로시마에 사용된 핵폭탄 2800만 개의 에너지가 필요하다고 해요.[8]

    기후변화, 혹은 **지구온난화**는 인류가 누려온 안락한 일상의 대가예요. 우리는 매일 자동차와 비행기를 이용하고, 냉난방과 상품 생산에 필요한 전력을 만듭니다. 이를 위해 석유와 석탄, 천연가스 등 화석연료를 태우죠. 그때마다 생성되는 이산화탄소는 지구를 감싸며 표면 온도를 유지시키는 대표적 온실가스예요. 문제는 지난 200년간 너무 많은 이산화탄소가 배출되는 바람에 지구가 비정상적으로 따뜻해진 겁니다.

    세계는 지구온난화를 멈춰 세우기 위해 힘을 모으고 있어요. 2015년 프랑스 파리에 세계 각국의 대표들이 모였습니다(파리 기

후협약). 이 자리에서 산업혁명 이전을 기준으로 지구 온도의 상승 한계를 섭씨 2도로 정하고, 1.5도 이상 오르지 않도록 막아내자고 약속했죠. 이에 따라 유럽연합은 2050년까지 **탄소중립**을 실천하려고 해요. 탄소중립이란 대기 중 온실가스의 배출량을 줄이고 흡수량을 늘려, 순배출량이 0이 되는 상태를 가리킵니다. 이산화탄소(CO_2), 메테인(CH_4), 수소불화탄소($HFCs$) 등 대부분의 온실가스에 탄소(C)가 포함되어 있기에 이런 이름이 붙었어요.

탄소중립을 달성하려면 무엇보다 인류의 경제활동으로 배출되는 온실가스를 획기적으로 줄여야 합니다. 동시에 온실가스를 흡수하는 숲을 울창하게 유지하고 늘려가야 해요. 나아가 대기 중 온실가스를 모아서 다른 분야에 이용하거나 안전한 공간에 보관하는 것(CCUS, 탄소 포집·활용·저장 기술)에도 노력을 기울여야 합니다.

탄소중립은 유럽연합만으로는 불가능해요. 전 세계가 함께해야 합니다. 중국과 미국은 전 세계 온실가스 배출량의 30퍼센트, 12퍼센트를 차지하고 있어요. 인도(7퍼센트)와 유럽연합(7퍼센트) 러시아(4퍼센트), 일본(2퍼센트)이 그 뒤를 잇고, 한국도 13번째로 많은 양을 배출하고 있습니다. 이들을 포함한 상위 20개국이 전 세계 온실가스의 83퍼센트를 배출하고 있죠.

1인당 온실가스 배출량을 보면 책임 소재는 더 명확합니다. 미국인은 중국인보다 두 배 많은 온실가스를 공기 중으로 내보내요. 한국인과 독일인의 1인당 배출량은 중국인보다 많고, 아프리카의 부룬디 시민보다는 300~400배나 많아요. 정작 기후변화로 더 큰 고통을 받는 건 이들 선진국이나 강대국이 아니라 아프리카, 아시아, 태평양 연안의 가난한 국가들인데 말이죠.

가뭄, 홍수, 멸종

만약 파리 기후협약이 실패해서 이번 세기말, 그러니까 여러분이 80~90대의 노인으로 살아갈 무렵 지구의 온도가 섭씨 3도쯤 더 올라가면 무슨 일이 일어날까요? 187쪽의 글상자는 2021년 포츠담 기후영향 연구소와 유럽연합 공동연구소에서 예측한 미래의 풍경입니다.

이런 전망은 앞으로 닥칠 사태의 극히 일부에 불과해요. 기후변화는 인류가 스스로 불러온 재앙입니다. 그 가운데서도 경제활동이 일으킨 문제죠. 그렇다면 기후변화를 막기 위해 기업의 이윤 추구 방식은 어떻게 바뀌어야 할까요? 에너지의 생산과 소비는 또 어떻게 달라져야 할까요? 우리의 일상은요? 아프리카의 부룬디 주민보다 300~400배 많은 이산화탄소를 내뿜는 독일인과 한국인의 삶은 어떻게 바뀌어야 할까요?

섭씨 3도 더 따뜻한 세계

2021년 여름, 북아메리카에 섭씨 50도가 넘는 폭염이 들이닥쳤습니다. 인체가 견뎌낼 수 없는 더위에 수백 명이 목숨을 잃었죠. 한편 같은 시기 대서양 건너 독일과 벨기에 일대에는 폭우가 내렸습니다. 두 달치 강우량이 하룻밤에 쏟아지며 홍수로 번졌고, 240여 명이 숨지고 1000명 이상이 실종되는 참사로 이어졌습니다.

지구의 기온이 섭씨 3도 상승한 세계에서는 100억 명이 넘는 세계 인구의 절반이 해마다 20일 이상 그런 폭염을 겪어야 할 거예요. 폭염에 따라오는 가뭄과 흉작, 산불 피해는 말할 것도 없겠죠. 동시에 폭우와 홍수도 연례행사가 될 겁니다. 해마다 1억3000만 명의 이재민과, 1만 6000명의 사망자가 발생한다고 해요.

기후변화는 생태계와 질병에 대한 상식도 바꿔놓을 거예요. 수온 변화에 민감한 산호는 지구온난화를 버텨낼 수 없어요. 문제는 해양생물의 25퍼센트가 산호 지대에 함께 서식한다는 점이죠. 산호의 멸종은 해양 생태계 전반을 뒤흔들게 될 거예요. 또한 지구온난화로 열대지방에 서식하는 흰줄숲모기가 21세기 후반에는 독일과 한국에 상륙할 거란 전망도 있어요. 그렇게 되면 두 나라 사람들은 뎅기열 같은 낯선 열대 전염병에 시달리게 될 가능성이 높습니다.

내연기관 자동차를 박물관으로

지구온난화의 가장 큰 원인은 화석연료예요. 따라서 이용 과정에서 이산화탄소를 배출하지 않는 태양광·수소·수력·풍력·바이오매스(생물 에너지원) 같은 재생에너지로의 전환이 이뤄져야 합니다. 예컨대 휘발유나 경유를 쓰는 내연기관 자동차 대신 전기차를 이용하는 거예요. 물론 그 전기차 배터리의 전력 역시 재생에너지로 만든 것이어야 하겠죠.

2023년 기준으로 전 세계 발전량(전력 생산량) 가운데 재생에너지가 차지하는 비중은 30퍼센트에 불과합니다. 아직은 갈 길이 먼 셈이죠. 다행히 독일 정부는 2030년까지 재생에너지를 이용한 발전 비중을 80퍼센트로 높이겠다는 목표를 세웠습니다.

재생에너지는 기업의 생산 방식을 환경 친화적으로 바꾸는 데도 대단히 중요해요. 예컨대 수소는 에너지 효율이 높고, 이용 과정에서 온실가스가 나오지 않는 재생에너지입니다. 활용성도 높아서 자동차·항공·철강·발전 등 산업 전반에 쓰이고 있어요. 다만 수소를 생산할 때 온실가스가 생성되는 경우가 있고, 그 정도에 따라 그레이·블루·그린 수소로 구별합니다. 이 중 가장 깨끗한 그린 수소는 탄소가 없는 물(H_2O)에서 추출한 수소(H)예요. 그린 수소로 인정받기 위해서는 추출 공정에 이용되는 전력 역시 재생에너지로 생산해야 합니다.

> 1990년부터 2020년까지 독일의 온실가스 배출량은 40퍼센트나 감소했습니다. 그러나 정부의 목표를 달성하려면 2021년부터 2030년까지 그만큼을 더 줄여야 합니다. 즉 30년간 감축한 것과 같은 양을 10년 안에 더 줄여야 한다는 뜻이에요. 여기에만 해마다 약 500억 유로(75조 원)가 든다고 해요. 독일 정부 1년 예산의 10퍼센트가 넘는 금액이에요.

이 목표를 어떻게 달성할 수 있을까요? 앞서도 말했지만 가장 많은 온실가스를 배출하는 전력 생산 분야에서부터 재생에너지 비중을 높여야 합니다. 두 번째는 산업 분야예요. 자동차와 기계, 화학, 건설 등 생산·수송 분야 전반에서 재생에너지를 사용하고, 불가피하게 발생하는 온실가스는 탄소 포집·활용·저장 기술을 이용해 대기로 배출되는 걸 막아야 해요.

냉난방 에너지도 손을 봐야 합니다. 재생에너지 비중을 늘린다고 해도 주택과 빌딩, 공장과 농업 분야에서 지금처럼 에어컨과 난방 장치를 돌려댄다면 감당하기 힘들어요. 냉난방 소비를 줄이는 정책과 함께 건축물의 에너지 효율을 높이는 설계와 기술 발전이 필요합니다.

교통 분야도 빼놓을 수 없습니다. 전 세계의 내연기관 자동차는 15억 대에 달해요. 전기차 시대가 오더라도 이미 생산된 내연기관 차량들은 오랫동안 배기가스를 내뿜으며 도로를 달릴 거예요. 비행기나 배도 여전히 화석연료를 사용하고 있습니다. 어쩌면 개선이 가장 어려운 분야일지도 몰라요. 출퇴근이든 출장이든 여행이든 상품운송이든 교통수단 없이 일상과 경제활동을 영위할 순 없으니까요.

 ··

엠마는 이번 방학을 친환경적으로 보내는 방법을 고민하고 있어요. 엠마는 베트남이나 페루처럼 먼 곳을 찾아 탐험하는 걸 좋아해요. 그러자면 비행기를 타야 하는데, 비행기는 날아오를 때마다 어마어마한 양의 이산화탄소를 배출합니다. 그런 식의 휴가는 커다란 생태 발자국(120쪽 참고)을 남기는 셈이에요. 결국 이번엔 자전거로 이웃 나라 프랑스를 일주하기로 했습니다. 느릿느릿 움직이는 자전거 위에서 프랑스 곳곳의 풍경을 눈에 담아볼 생각이에요. 덕분에 비행기나 자동차를 탔다면 마주치지 못했을 동네 맛집을 탐방하는 즐거움도 빼놓을 수 없겠죠.

특히 기업들은 운송 수단으로 기차보다 트럭을 선호해요. 더 빠르고, 편하고, 저렴하니까요. 그 결과 지난 30년간 이 분야의 온실가스 배출량은 전혀 줄어들지 않았고, 기후변화의 주요 원인으로 손꼽히고 있습니다.

더는 두고 볼 수 없어요. 2030년까지 독일 정부의 온실가스 감축 목표를 달성하려면 최소한 1500만 대의 전기차가 도로를 달려야 합니다. 휘발유와 경유를 사용하는 내연기관 자동차의 생산과 등록을 멈춰야 합니다. 내연기관 자동차는 지난 150년간 인류의 발이 되어주었어요. 그러나 이제는 박물관으로 보내야 할 때입니다.

지구온난화와 시장실패

"인도네시아의 산불과 미국의 홍수는 이상기후 현상이다." 제가 《쥐트도이체 차이퉁》에 기고한 칼럼에서 한 이야기예요. "모든 게 예측대로다. 지금처럼 이산화탄소를 대기로 내보낸다면 지구는 더 뜨거워질 것이다. 앞으로 100년 안에 폭우와 흉작과 말라리아가 지금껏 그것들을 경험해보지 않은 지역에 닥칠 위험이 있다. 방글라데시의 5분의 1은 물에 잠길 것이다." 어때요? 앞에서 소개한 〈섭씨 3도 더 따뜻한 세계〉와 엇비슷한 내용이죠? 그런데 놀라지 마세요. 이 칼럼은 1998년에 쓴 것이에요! 더 거슬러 올라가면 환경문제 연구기관으로 이름 높은 로마클럽이 1972년에 발표한 보고서 《성장의 한계》에도 큰 차이 없는 경고가 담겨 있습니다.

여러분은 묻고 싶을 거예요. 왜 수십 년간 바뀐 게 없냐고, 이젠 늦어버린 게 아니냐고 말이죠. 그 질문에 대답하기 위해 이 책의 주제인 경제의 관점에서 기후변화를 살펴보기로 해요.

사람들이 **기후행동**, 즉 기후변화를 해결하기 위해 실행에 나서기까지는 오랜 시간이 걸립니다. 왜 그럴까요? 사람은 편리함을 추구하기 때문에? 맞습니다. 그렇지만 그것 때문만은 아니에요. 제니의 피자트럭에서 피자를 먹으려면 돈을 내야 해요. 안전을 위해 에어백을 장착하려는 자동차 기업은 에어백 제조업체에 대금을 지불해요. 둘 다 당연하죠. 그런데 제니의 피자트럭과 자동차 기업은 피자를 굽고 자동차를 생산하면서 배출한 온실가스에 대해서는 (최근까지) 아무런 대가도 지불하지 않았습니다.

사람과 기업이 지구환경에 부담을 주거나 해를 입히면서도 아무런 대가를 치르지 않은 것을 두고 경제학에선 '**외부비용**이 발생한다'고 표현해요. 외부비용이란 '누군가의 경제활동이 그와 무관한 사람에게 부정적인 영향을 끼쳐서 발생하는 비용'입니다. 이 비용을 부담하는 것은 해당 기업과 상관없는 사람들이죠. 기후변화의 경우엔 일반 대중이에요. 홍수와 가뭄과 멸종위기로 고통받는 개발도상국 주민과 지구의 동식물이에요. 환경파괴로 발생하는 외부비용이 독일에서만 연간 5000~7000억 유로(750~1050조 원)라고 합니다. 독일 정부의 1년 예산과 맞먹는 액수죠.

앞서 살펴본 '가격신호'를 다시 떠올려볼까요? 에어백 제조사가 단가를 올리면 자동차 기업은 다른 업체에 주문을 넣을 거예요. 가격신호에 반응하기 때문이죠. 반면 지금까지 인류의 경제활동이 지구환경에 준 부담에는 아무런 가격신호가 없었습니다.

그 결과 기업은 화석연료를 아낌없이 태워가며 이윤을 추구했습니다. 사람들은 자동차로 비행기로 유람선으로 여행을 다녔어요. 이들이 만든 외부비용은 법인세나 티켓 가격에 반영되지 않았고, 눈덩이처럼 불어나 인류 전체와 지구를 위협하고 있습니다. 이런 상황을 뭐라고 했죠? 맞습니다. '시장실패'예요. 바로 이 지점에서 국가의 역할이 있습니다. 이제부터라도 기업이 외부비용을 책임지게 하는 거예요. 기후행동에 나서게끔 유인하는 겁니다. 예컨대 정부는 환경에 해로운 제품의 생산과 판매를 금지할 수 있어요.

'프레온 가스'라는 명칭으로 더 잘 알려진 염화불화탄소(CFC)는 냉장고·에어컨의 냉매나 스프레이 제품의 원료로 널리 사용되었습니다. 그런데 이 물질은 온실가스일 뿐만 아니라 수십 킬로미터 상공까지 떠올라 지구 오존층을 파괴해요. 오존층이 사라지면 지표면에 닿는 자외선의 양이 늘고, 이는 생태계의 균형을 무너뜨릴뿐더러 인체에도 치명적 영향을 미칩니다. 이런 사실이 알려지자 독일 정부는 1995년부터, 한국 정부는 2010년부터 CFC의 생산과 사용을 금지했어요. 기업들도 CFC의 위험성을 알고 있었지만, 정부의 정책이 발표되고 나서야 뒤늦게 대체 물질을 개발했습니다.

　정부는 가격신호를 통해서도 기업의 기후행동을 이끌어낼 수 있습니다. 예를 들어 재생에너지 분야의 성장이 더딘 것은 아직까지 전력 생산 단가가 화력발전이나 원자력발전의 그것보다 비싸기 때문입니다. 당연히 기업 입장에서도 재생에너지로 만든 전력 사용을 꺼릴 수밖에 없죠.

　그런데 정부가 생산·판매 과정에서 나온 온실가스 비용을 기업에 부과하면 어떻게 될까요? 복잡한 계산이 필요하겠지만 재생에너지 소비가 늘어날 거예요. 이는 환경파괴의 비용을 외부로 전

오염을 거래한다고?

유럽연합은 2005년부터 탄소배출권 거래제를 도입했어요. 쉽게 말해 '환경을 오염시킬 권리'를 거래하는 거예요. 전력을 생산하거나 에너지를 대량 소비하는 기업은 일정량의 배출권을 할당받습니다. 그런데 이 할당량이 매년 감소해요. 즉 기업은 해마다 온실가스 배출을 줄이기 위해 무슨 일이든 해야 합니다. 에너지 기업이라면 화석연료 대신 풍력이나 태양광을 이용해 전력을 생산하는 거예요. 이런 시도가 성공해 할당받은 배출권이 남은 기업은 이를 다른 기업에 판매할 수 있습니다. 이 제도를 배출권 거래제라고 부르는 이유죠.

탄소배출권 거래제가 시행된 이후 기업의 온실가스 배출량은 매년 감소했습니다. 그렇지만 아직 부실하다는 비판을 받기도 해요. 실제로 몇몇 기업은 탄소배출권을 필요 이상으로 넉넉하게 할당받습니다. 정부가 이들 기업이 규제를 피해 유럽 바깥으로 공장을 옮길 것을 염려했기 때문이에요.

가하지 않고, 당사자가 책임지게끔 하기에 윤리적으로도 올바른 정책입니다.

독일은 유럽연합의 탄소배출권 거래제에 덧붙여 국내 교통과 난방 분야에 적용되는 별도의 탄소배출권 제도를 시행해오고 있습니다. 2022년까지는 교통수단에 사용되는 휘발유와 경유, 난

방유, 천연가스를 사용하는 기업에, 2023년부터는 석탄까지 포함한 모든 화석연료를 사용하는 기업에 탄소배출에 대한 비용을 부과합니다.

이를 통해 독일은 2023년에만 180억 유로(27조 원)의 수익과 함께 온실가스 배출량이 지난 70년간 최저치를 기록하는 성과를 거두었습니다. 한국에서도 2015년부터 이와 비슷한 온실가스 배출권거래제를 시행 중이에요. 다만 아직까지 유의미한 탄소 감축을 이끌어내지는 못하고 있습니다. 기업의 부담을 고려해 배출권 가격이 매우 낮게 매겨진 데다가 거래량도 많지 않기 때문이에요.

이렇듯 정부의 역할만으로는 기후변화를 막을 수 없습니다. 각자 소비자로서, 노동자로서, 기업으로서 뭔가를 해야 하죠. 인류에 번영을 가져다준 경제 시스템은 이제 근본부터 바뀌어야 해요. 독일에선 이와 관련해 주목받는 인물들이 있어요. 이른바 '녹색 창업자'들입니다.

에바 노이게바우어와 율리아네 빌링은 프리셰포스트 (Frischepost)라는 온라인 상점을 세웠어요. 전기모터가 장착된 버스가 농가에서 과일, 채소, 빵을 가져다 고객에게 배달해 줍니다.

구글과 유튜브의 직원으로 잘나가던 크리스티안 지그문트는 문득 더 의미 있는 일을 하고 싶다는 생각이 들었어요. 페루에서 휴가를 보내던 그는 플라스틱 쓰레기 더미가 바다로 흘러드는 것을 목격했습니다. 영원히 사라지지 않는 플라스틱. 지그문트는 빌트플라스틱(Wildplastic)이라는 기업을 차렸습니다. 플라스틱 폐기물을 새로운 물건으로 재생하는 회사예요. 지그문트에 따르면 "재생 쓰레기봉투 생산은 새 봉투 생산과 비교해 이산화탄소 배출을 70퍼센트까지 줄일 수 있습니다."

자본주의가 문제일까요?

자본주의-시장경제 체제에서는 기후변화를 막는 게 불가능하다는 견해가 있습니다. 실제로 지구가 본격적으로 뜨거워지기 시작한 것은 자본주의와 시장경제가 본격적으로 꽃피운 산업혁명 이후의 일이죠. 끊임없이 이윤을 추구하는 자본주의와 소비를 미덕으로 삼는 시장경제의 특성이 필요 이상의 대량생산과 소비로 이어지며 환경파괴를 일으킨 것도 사실입니다.

그렇다고 기후변화를 막기 위해 자본주의-시장경제를 폐지해야 할까요? 그건 짧은 생각이에요. 앞에서 살펴봤듯 20세기 세계를 양분한 소련과 동유럽, 중국의 경제체제는 자본주의가 아니라 공산주의였어요. 그런데 1990년대 냉전이 끝난 뒤에 공산주의 국가의 환경파괴가 훨씬 더 심각했다는 사실이 드러났습니다. 왜 그랬을까요? 국가가 모든 걸 통제하는 공산주의 체제에선 언론이나 시민들이 환경파괴를 문제 삼을 수 없었기 때문이에요. 이 사례는 지구 환경파괴가 특정 경제체제만의 문제가 아님을 보여줍니다.

한편, 기후변화를 막기 위해 더 이상의 경제성장을 포기하자는 주장도 있습니다. 경제가 성장했다는 것은 전년도보다 GDP, 즉 총생산이 증가했다는 뜻이에요. 일반적으로 생산에는 온실가스 배출 등 환경파괴가 뒤따르죠. 뒤집어 말해 경제성장률이 제로(0)거나 마이너스라면 환경파괴를 멈출 수 있어요.

만약 각국의 시민들이, 전 세계인들이 경제성장을 포기한다면 기후변화를 비롯한 환경문제는 크게 개선될 겁니다. 실제로 우리는 필요 이상으로 많은 것을 가졌고, 또 누리고 있기도 해요. 그러나 사람들 대부분은 미래에도 더 많이 벌고, 더 많이 사고, 더 많이 소비하고 싶어 해요. 한국인이든 독일인이든 마찬가지죠. 그러니 '제로 성장'을 말하는 정당이나 정부는 유권자의 지지를 받지 못할 겁니다. 현실성이 없다는 거예요.

경제성장의 성과가 기후행동이나 환경 친화적 기술의 발판이
되는 것도 부정할 수 없어요. 이런 이유에서 경제성장과 에너지 소
비를 분리해서 보자는 견해도 있어요. 그에 따르면 재생에너지를
이용한 생산성 증가는 지구를 지키는 길이기도 합니다.

무엇보다 지난 250년간 산업화의 과실은 유럽과 북미, 한국·
일본·싱가포르 등 동아시아의 몇몇 국가들이 독차지해왔습니다.
제로 성장은 아프리카와 남미, 아시아 지역에 사는 수십억 명의 사
람들을 향해 자신들이 누려온 혜택은 허락하지 않으면서 기후변
화의 부담만 공유하자는 제안이에요. 불공평할뿐더러 염치없는
주장이죠.

이런 부당함을 고려해 유엔에서는 2030년까지 '지속 가능한
발전을 위한 목표'를 제시한 바 있습니다. 여기엔 생태 문제를 충
분히 고려하되, 인류에게 번영을 안겨준 경제 발전을 포기하지 않
겠다는 의지가 담겨 있습니다. 이야기가 나온 김에 이 문제를 좀
더 살펴볼게요.

선진국이 뿌린 가난의 씨앗

'지속 가능한 발전'을 위해 유엔이 첫손에 꼽은 목표는 누구도 굶주리거나 '절대 빈곤'에 빠지지 않아야 한다는 겁니다. 절대 빈곤은 한국과 독일에 사는 여러분이나 저는 체감하기 힘든 문제예요. 먹을 것과 물이 충분하고, 난방이 되는 집에서 살고, 적절한 의료 서비스를 이용하고, 필요한 물건도 충분히 살 수 있으니까요.

그러나 세계엔 아직도 끼니를 못 챙길 만큼 가난한 사람이 많습니다. 유엔이 정한 절대 빈곤의 기준은 하루 평균 소득이 1.9달러(2850원)가 안 되는 사람들이에요. 혹은 그 이상을 벌더라도 음식, 주거, 깨끗한 물, 의료 서비스, 교육 같은 기초적 복지가 충족되지 않은 상태라면 빈곤으로 간주합니다. 그런데 이상하지 않나요? 자본주의-시장경제 덕분에 세상은 엄청나게 발전했다는데, 왜 이렇게 가난한 사람이 많을까요?

앞서 **선진국**이란 용어를 여러 차례 사용했죠. 선진국이란 '고도의 경제 발전을 달성함으로써 삶의 질이 높은 수준에 이른 국가'를 가리킵니다. 유엔이나 국제통화기금(IMF) 등의 국제기구는 전 세계에 35~40개국을 선진국으로 분류하고 있어요. 그중 한국, 일본, 이스라엘, 싱가포르, 미국, 캐나다, 호주, 뉴질랜드 정도를 제외한 대부분은 유럽에 속합니다.

선진국에 속하지 않은 나라들을 한데 묶어서 **개발도상국**이라고 해요. 여전히 산업화가 진행 중인 나라라는 의미죠. 이 표현에서 짐작할 수 있듯 오늘날 선진국이 누리는 풍요의 원천은 산업화입니다. 주민 대다수가 농부였던 시절의 서유럽 국가 대다수는 지금보다 훨씬 가난했습니다. 현재의 개발도상국, 즉 아프리카·남미·아시아 대부분 국가의 주력 산업 역시 농업을 비롯한 1차 산업이에요.

개발도상국 가운데서도 중국, 인도, 러시아, 브라질, 멕시코, 남아프리카 공화국 등은 지난 수십 년간 눈에 띄는 경제 발전을 이루며 선진국 문턱에 다다랐습니다. 이들을 가리켜 **신흥공업국**이라고 해요. 중진국 또는 중간소득국가라고도 표현합니다.

반면 개발도상국 중 가장 가난한 50개 안팎의 나라를 **최저개발국**으로 분류해요. 아프리카 대부분 지역이 여기에 들어갑니다. 인구로 보면 80억 세계인 중 11억 명가량은 선진국에, 나머지 대부분은 개발도상국에서 살고 있습니다. 이 중 최빈국의 인구만 해도 11억 명에 달해요. 가난이 결코 '일부 국가'의 문제가 아님을 보여주는 수치죠.

개발도상국이 여전히 가난한 또 하나의 원인은 식민지배의 역사에 있습니다. 유럽의 주요 강대국들은 과거 수백 년간 세계 각지를 침략해 식민지로 삼았어요. 앞서 1장에서 산업화의 원동력으로 '기술의 발전'을 들었는데요. 그만큼 중요한 것이 원자재(자원)의 마련, 그리고 그걸 이용해 대량생산한 제품을 내다팔 수 있는 시장의 존재입니다. 유럽 각국은 아시아·아프리카·남아메리카의 식민지를 원자재 공급처이자 생산물을 자신들이 원하는 가격에 강매하는 시장으로 활용했어요. 이렇게 불공정한 거래를 토대로 유럽은 가장 먼저 산업화와 부를 이루었습니다. 그 차이는 오늘날까지 이어져 유럽연합 회원국과 아프리카 개발도상국의 1인당 GDP 격차는 100~200배에 달해요.

반면 개발도상국들은 2차 세계대전 이후, 늦게는 1960~1970년대에 들어서야 독립할 수 있었어요. 그전에는 경제정책도 정치체제도 스스로 결정하지 못했습니다. 제대로 된 교육을 받을 수도 없었죠. 심지어 유럽 국가들은 땅따먹기 하듯 세계 지도에 자를 대고 각자 식민지에 경계를 그었어요. 현지인들의 역사나 언어, 종교를 전혀 고려하지 않은 이런 경계는 독립 이후에도 국경선이 되어 온갖 분쟁의 씨앗이 되었습니다. 지금까지도 갈 길 바쁜 개발도상국의 발목을 잡고 있는 셈이죠.

개발도상국 내부의 문제들

물론 개발도상국 안에도 문제는 있어요. 특히 외국의 식민 통치에 협력하며 이권을 누려온 이들은 독립 이후에도 지배층으로 남아 국가 발전에 걸림돌이 되었습니다. 이들이 권력과 자원을 독점하면서 시장의 공정한 경쟁도, 정부의 재분배도 작동하지 못했어요. 극소수의 권력 집단이 모든 걸 결정했고, 기업가가 사업을 벌이려면 이들에게 뇌물을 바쳐야 했습니다. 범죄를 단죄할 수사기관과 법원마저 매수되었죠. 이렇듯 부정과 부패에 갇힌 경제는 결코 발전할 수 없어요.

　　물론 부정부패는 어디든 존재합니다. 지멘스 같은 세계적 기업도 부패 사건에 연루된 적이 있어요. 지멘스의 비리를 증언했던 한 관리자는 제게 뇌물 전달에 이용된 서류 가방을 보여주며 이렇게 말했죠. "100만 유로(15억 원)도 너끈히 들어가요." 그럼에도 국제투명성기구(TI)에서 매년 발표하는 '부패인식지수' 통계는 선진국일수록 부패 문제가 덜하다는 걸 보여줍니다. 그에 따르면 공무원과 정치인의 청렴도가 가

장 낮은 곳은 남수단 공화국, 소말리아, 예멘 같은 최저개발국
이에요.

 2차 세계대전 직후의 독일과 6·25 전쟁을 겪은 한국은 비슷
한 처지였어요. 폐허가 된 나라와 경제를 다시 일으켜야 했지만 아
무것도 가진 게 없었죠. 이때 돈을 댄 게 미국이었습니다. 경제협
력을 명분으로 들어온 미국의 지원은 '라인강과 한강의 기적'에 귀
중한 종잣돈이 되었어요.
 대부분의 개발도상국 역시 산업화를 시작할 자금이 부족합니
다. 과거 이 나라들을 착취해온 선진국들이 뒤늦게나마 피해국의
부흥에 공헌하겠다는 뜻이었을까요? 1961년부터 몇몇 선진국들
이 모여 개발도상국의 경제 발전을 돕는 개발원조위원회(DAC)를
꾸렸습니다. 한국 또한 이곳의 원조(경제적 지원)를 받아 경제 발전
에 보탰습니다. 이후 성공적인 산업화를 달성하며 선진국 대열에
진입한 한국은 2010년부터는 개발원조위원회의 어엿한 회원국이
되었어요. 한국은 원조를 받던 나라에서 원조를 제공하는 나라가
된 최초의 사례입니다.
 그런데 개발원조 또는 개발협력이라는 명분으로 제공되는 공
적자금이 한국에서처럼 적재적소에만 사용되지는 않아요. 학교와

공장을 짓고, 도로를 깔고 일자리를 만드는 데 쓰일 돈이 부패한 권력자의 주머니로 흘러드는 경우도 많습니다. 개발도상국의 기업이 맡아야 할 사업을 선진국의 대기업이 가로채는 경우도 적지 않아요. 무엇보다 개발원조는 무상으로만 제공되지 않아요. 유상, 즉 나중에 갚아야 할 차관(채무) 형식으로 제공되기도 합니다. 차관을 많이 가져다 쓴 나라는 성과를 내기도 전에 빚부터 갚아야 할 상황에 놓이기도 해요.

메메트는 굶주림에 시달리는 아프리카의 한 아이에게 매달 용돈의 일부를 후원해왔습니다. 그런데 아프리카 기아 문제를 다룬 다큐멘터리를 보면서 문득 그런 생각이 들었어요. '저 사람들에게 음식이나 옷을 제공하는 게 최선일까?' 물론 당장엔 도움이 되겠지만 그걸로 미래의 궁핍을 막지는 못할 테니까요. 이런 속담이 있죠. "누군가에게 물고기를 주면 하루가 배부르지만 낚싯대를 주면 평생 먹을 것을 마련할 수 있다."
개발도상국을 돕는 국제기구들의 활약상을 찾아본 메메트는 졸업 후에 아프리카에 있는 구호단체에서 1년 정도 일해볼 마음을 먹었습니다. 특히 의료 서비스를 개선하거나 식수를 공급하기 위해 우물을 파는 프로젝트에 관심을 갖고 있어요.

불안정한 정치, 부정부패, 체계적이지 못한 교육제도, 열악한 사회기반시설, 서구 기업이 점령한 시장… 개발도상국의 경제 발전을 가로막는 것은 여기서 끝이 아닙니다. 신흥공업국을 제외한 개발도상국의 주력 수출품은 커피나 광물, 목화와 같은 원자재와 농·수산물이에요. 그런데 이런 상품의 교역은 과연 공정하게 이뤄지고 있을까요?

아크파논 씨의 슬픈 목화밭

2004년, 저는 서아프리카 베냉의 어느 마을을 방문했습니다. 로버트 아크파논 씨의 가족이 사는 그 마을에는 수돗물도 없고 전기도 들어오지 않았어요. 주민의 3분의 1이 목화 농사를 지었고, 아크파논 씨도 어려서부터 목화밭에서 살다시피 했습니다.

아크파논 씨가 사는 움막엔 낡은 침대와 고장 난 라디오가 전부였어요. 저녁이면 그의 아내가 마당에 놓인 화덕 위에 옥수수죽을 끓였죠. 몇 걸음 앞에 자리 잡은 사원에서는 주민들이 뱀과 천둥의 신에게 기도를 올렸습니다. 아크파논 씨는 몹시 피곤해 보였어요. 당시 53세인 그는 베냉에서는 노인 축에 들지만 한시도 쉴수가 없다며 고통을 토로했습니다. "끔찍한 상황이 몇 년 째 계속되고 있어요."

수십 년 전 한 국제기구는 베냉과 그 주변국에 목화 재배를 강력하게 권했습니다. 그게 굶주림에서 벗어나는 길이라면서 말이죠. 그런데 1990년대 들어 미국 정부는 목화 시장에서 경쟁력을 키우기 위해 자국 농민들에게 보조금을 주기 시작했어요. 1인당 무려 15만 달러(2억 원)를 해마다 지급하는 이 조치로 미국 농민들은 아프리카 농민들보다 적은 비용으로 목화를 생산할 수 있게 되었습니다. 규모가 다를 뿐 유럽 국가들 역시 보조금 지급에 나섰죠. 저렴한 미국·유럽산 목화의 공급이 늘면서 국제 목화 시세가 폭락했습니다. 선진국 농민들이야 보조금 덕분에 버틸 수 있지만, 목화 수출로만 먹고살아온 1500만 서아프리카인에겐 재앙이었죠.

몇 개월 전까지는 그래도 희망이 보였습니다. 2003년 멕시코에서 열린 세계무역기구 회담에서 아프리카 국가들이 미국과 유럽의 불공정한 보조금 정책에 항의하며 시정을 요구했기 때문이에요. 당시 멕시코에 머물던 저는 아프리카의 농민 대표와 이야기를 나눌 기회가 있었습니다. 국제 구호기구의 지원으로 먼 길을 날

아온 그의 눈엔 굳은 의지가 담겨 있었죠.

하지만 회담은 끝내 결렬되었고, 미국과 유럽의 보조금 정책도 그대로 유지되었습니다. 당시 미국과 유럽이 목화를 포함해 자국 농업 분야에 지급한 보조금은 3000억 유로(450조 원)로 개발원조위원회 원조 총액의 6배에 달했습니다. 앞에서는 경제 발전을 지원한다면서 정작 해당 국가들의 최대 수출품 시장을 집어삼키는 탐욕을 부린 셈이에요.

벌이가 크게 줄어든 아크파논 씨는 빚을 질 수밖에 없었어요. 어떻게 갚아야 할지 막막했지만 아이들이 말라리아에라도 걸리면 그 돈마저 부족할 지경이었죠. 인터뷰하던 날은 섭씨 35도를 넘나들었고, 그는 종종 거대한 기나나무 그늘로 몸을 피했어요. 목화 농사는 그런 무더위와의 사투이기도 했습니다.

저는 아크파논 씨와의 대화를 통해 선진국의 지저분한 횡포만이 문제의 전부가 아님을 알 수 있었어요. 베냉의 몇몇 유통업자는 농민들이 수확한 목화를 싹 쓸어가면서도 값은 일부만 치렀습니다. 이들은 '목화 마피아'로 통했어요. 경찰도 그들을 건드릴 수 없었죠. 마트와 주유소, 호텔은 전부 그들의 소유고, 그중 한 사람은 베냉 대통령의 특별고문이었으니까요.

베냉처럼 한두 개의 수출품에 전 국민의 생계가 걸린 나라는 50여 개국에 이릅니다. 앞서 소개한 최저개발국의 숫자와 거의 일치하죠. 주로 설탕, 코코아, 커피, 목화 같은 원료품이에요. 선진국이나 신흥공업국은 이 원료들을 가공하고 상표를 붙여 더 큰 수익을 올리지만, 이들 50개국은 오직 원료품의 시세에 생사를 걸 수밖에 없습니다.

공정무역: 원조가 아닌 거래를 통한 자립

공정무역은 개발도상국과의 원료품 거래에서 정당한 가격을 지불하는 것을 의미합니다. '원조가 아닌 거래'를 통해 개발도상국의 자립을 돕자는 취지예요. 근래의 공정무역 운동은 이 뜻을 더 적극적으로 해석해 개발도상국 기업이 경쟁에서 살아남을 수 있도록 돕는 조치까지 포괄하고 있습니다. 일테면 선진국이 자국 기업에 지원하는 부당한 보조금을 없애고, 개발도상국에서 들여오는 상품에 대한 관세를 낮추거나 폐지하는 것이죠. 앞서 보호무역을 통해 알아봤듯 이런 조치는 낯선 게 아닙니다. 많은 나라들이 자국 기업의 경쟁력을 지키기 위해 일시적으로 이런 보호조치를 펴곤했습니다. 공정무역에선 보호의 대상이 무역 상대국으로 바뀐 것뿐이죠.

소비자라면 누구나 공정무역에 참여할 수 있어요. 여러분도,

여러분의 부모님도 말이죠. 커피와 초콜릿을 예로 들어볼까요. 두 제품의 원료인 커피나무와 카카오나무 열매의 씨앗은 대부분 아프리카와 남미에서 생산됩니다. 전 세계 소비자는 최대한 저렴한 가격에 커피와 초콜릿을 즐기고 싶어 해요. 이에 커피전문점이나 마트에서는 할인 경쟁을 벌입니다. 하나라도 더 팔아야 하니까요. 문제는 이 과정에서 원산지인 아프리카와 남미 농가의 몫이 점점 줄어든다는 거예요.

유럽의 공정무역 기업 게파(GEPA)는 달라요. 이 업체는 개발도상국 농가의 작물을 시세보다 비싸게 사들입니다. 일반적으로 개발도상국 농민이 커피나 초콜릿 원료를 넘기고 받는 돈은 최종 소비자 가격의 10퍼센트 미만이라고 해요. 반면 비슷한 품질의 상품을 게파와 거래하면 25퍼센트를 받을 수 있어요. 게파가 시세의 두 배 이상을 지불하는 셈이죠. 그 돈은 부패한 정치인이나 서구 기업에 흘러들어갈 염려 없이 개발도상국의 생산성 향상이나 아이들의 교육에 쓰일 수 있습니다.

물론 이것이 가능하려면 소비자가 공정무역의 가치를 인정하고 더 많은 돈을 기꺼이 지불할 뜻이 있어야 합니다. 커피나 초콜릿은 물론 쌀, 꿀, 차도 마찬가지예요. 너무 비싼 거 아니냐고요? 한국인과 독일인의 생활비 지출 통계에서 식료품이 차지하는 비중은 뚜렷하게 감소해왔어요. 심지어 여러분이나 저나 과거보다 훨씬 더 잘 먹고 있는데도 말이죠. 그 감소분은 신기술이나 풍작 때문이 아니라 개발도상국 농민의 몫을 빼앗은 결과일지도 몰라요. 그렇다면 지속 가능한 거래를 위해서라도 그 가치를 조금 더 인정해주는 게 좋지 않을까요?

공정무역에 관한 뉴스를 접한 메메트는 아침마다 마시는 커피에 돈을 조금만 더 쓰자고 부모님을 조르고 있어요. 요즘은 초콜릿을 하나 살 때도 공정무역 기업의 제품인지 살펴본답니다. 메메트의 생각에는 그럴 만한 가치가 있는 일이에요.

설문 조사에 따르면 독일인의 70퍼센트는 자신이 빈곤 퇴치와 환경을 위해 많은 신경을 쓰고 있다고 여깁니다. 쇼핑을 할 때도 사회적 평가나 환경에 미치는 영향을 따져본다는 것이죠. 30퍼센트의 독일인은 이를 통해 실제로 구매습관을 바꿨다고 응답했습니다. 그러나 그런 태도가 실제 공정무역 제품의 판매 상승으로 나타다고 있진 않아요. 아무래도 조금 더 기다려야 하는 걸까요?

$$f(\omega) = \int_{-\infty}^{\infty} f(x) e^{-2\pi i x \omega}\, dx \quad \frac{dt}{d}$$

$$\rho\left(\frac{\partial v}{\partial t} + v \cdot \nabla v\right) = -\nabla p + \nabla \cdot T$$

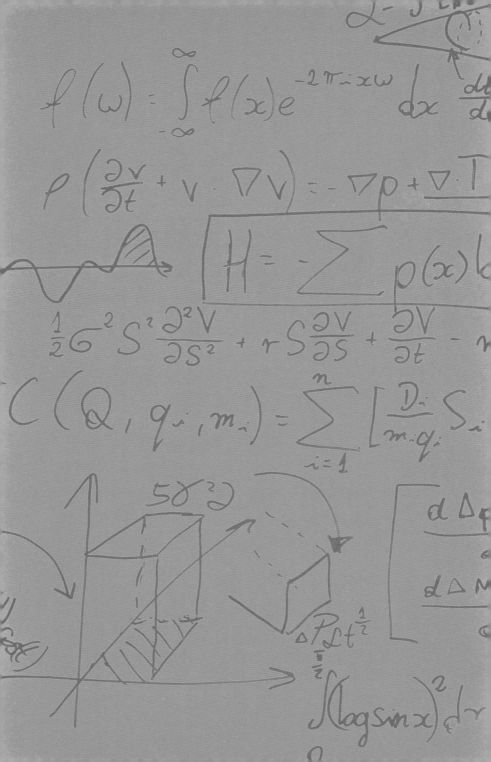

$$H = -\sum p(x)\,k$$

$$\frac{1}{2}\sigma^2 S^2 \frac{\partial^2 V}{\partial S^2} + r S \frac{\partial V}{\partial S} + \frac{\partial V}{\partial t} - r$$

$$C(Q, q_i, m_i) = \sum_{i=1}^{n} \left[\frac{D_i}{m_i q_i} S_i\right.$$

$$5\delta^2)$$

$$\frac{d\Delta}{}$$

$$\Delta P_e t^{\frac{1}{2}}$$

$$\frac{d\Delta M}{}$$

$$\int_0^{} (\log \sin x)^2\, dx$$

경제범죄와
경제 위기

농구를 좋아하는 레온은 온라인 상점에서 멋진 농구화를 하나 발견했습니다. 근처에 있는 공식 매장과 비교해보니 절반밖에 안 되는 가격이었어요. 조금 미심쩍었지만 한번씩 찾아오는 할인 행사려니 생각하고 주문 버튼을 눌렀죠. 그런데 사흘째 되는 날, 배송 상황이 궁금해 해당 쇼핑몰을 검색해서 들어갔더니 없는 주소라고 뜨는 게 아니겠어요? 아차! 레온은 그제야 계좌이체로 결제하면 사은품을 준다는 안내에 그대로 따랐던 게 떠올랐어요. 부랴부랴 판매자에게 이메일을 보냈지만 아무런 답을 받을 수 없었어요. 방심한 사이에 사기꾼의 먹잇감이 된 거예요.

사기, 피싱, 짝퉁 판매

레온은 가짜 온라인 상점의 덫에 걸렸어요. 이 사기꾼들의 수법은 그럴듯한 웹사이트를 개설하는 데서 시작해요. 언뜻 봐서는 정말 감쪽같은 데다가 대부분의 상품을 최저가로 올려놓아서 레온처럼 혹하는 경우가 적지 않습니다.

어떤 물건이든 다른 곳의 절반 가격이라면, 한번쯤 의심해 보는 게 좋아요. 다른 상점엔 들어오지 않은 최신 상품, 혹은 희귀해서 웃돈에 거래되는 제품을 떡하니 내놓거나 배송 기간을 너무 길게 설정해둔 상점도 조심해서 나쁠 게 없겠죠. 또 뭐가 있을까요? 레온의 경우처럼 온라인 상점인데도 신용카드나 잘 알려진 간편결제 서비스를 사용하지 않고 계좌이체 등의 현금결제만 가능한 곳은 일단 수상쩍다고 봐야 해요.

상점명이나 판매자 이름, 해당 제품에 대한 평가를 검색해보는 것도 좋아요. 피해자가 더 있다면 관련 정보가 나올 테니까요. 상점에서 올려둔 칭찬 일색의 별점 평가는 왜곡이거나 만들어낸 평판일 가능성이 큽니다. 소비자의 불만이 없는 상품은 존재하기 힘드니까요.

이제 레온은 무엇을 해야 할까요? 일단 경찰서를 찾아 피해 사실을 알리고 수사를 요구해야 해요. 요즘은 온라인으로도 고소장을 접수할 수 있습니다. 거래 직후에 사기라는 걸 알아차렸다면 은행에 즉시 연락하는 게 좋아요. 은행에선 사기꾼의 계좌를 정지해 돈이 인출되는 걸 막을 수 있거든요.

인류가 사회를 구성한 이래 사기 범죄는 늘 존재해왔지만, 진짜 모습을 드러낼 필요가 없는 인터넷 세상이란 물을 만나며 사기꾼의 행각은 더욱 대담해져갔습니다. 세계화와 함께 범죄 규모도 국제적으로 진화했어요. 레온도 아마 오프라인 매장에서라면 쉽게 사기를 당하지 않았을 거예요.

어떤 사기꾼은 사람들이 사랑을 찾아 모이는 채팅앱을 범죄의 무대로 삼습니다. 외로운 이들의 마음을 이용해 돈을 뜯어내기 위해서죠. 미국인 여자로 행세하는 아프리카의 젊은 남자를 취재한 적이 있어요. 그는 몇 달간 독일인 남자와 채팅을 나누며 친분을 쌓았죠. 그러면서 자동차 사고가 났다는 둥, 유산을 받기 위해 세금이 필요하다는 둥 이야기를 지어내며 서서히 돈을 요구하기 시작합니다. 몇몇 사람들이 여기에 넘어가 10만 유로(1억 5000만 원)가 넘는 돈을 잃었어요.

또 어떤 사기꾼은 전화를 걸어 다짜고짜 가족이 곤경에 처했다고 알립니다. 주로 노인을 대상으로 상황을 파악할 여유를 주지 않고 다그쳐 돈을 갈취하죠. 더 교묘한 사기꾼이라면 수사기관이나 은행 직원을 사칭한 뒤, 당신의 계좌가 범죄에 노출되었다며 예금을 다른 곳으로 이체하라고 유도하기도 합니다.

IT 기술을 이용한 사기도 늘고 있습니다. 가짜 이메일, 문자 메시지를 보내거나 웹사이트 방문 흔적을 수집해 개인정보를 훔쳐낸 다음, 이를 범죄에 악용하는 거예요. 휴대폰이나 노트북에 악성 프로그램을 설치하는 링크를 클릭하도록 유도하기도 하죠. 이런 수법을 '피싱'이라고 합니다. 피싱으로 주민등록번호나 카드정보, 심지어 계좌 비밀번호까지 알아낸 사기꾼 앞에선 은행에 넣어둔 돈도 안심할 수 없습니다. 요즘은 모바일 메신저를 해킹해 가까운 지인인 것처럼 말을 걸기도 해요. 이야기가 어딘가 수상쩍다면 지인에게 직접 연락해보는 것이 좋아요!

"당신의 신용카드 정보는 중지되었습니다." 피싱 메시지나 전화에는 이렇듯 어법에 맞지 않거나 어눌한 억양이 사용되곤 해요. 수사망을 피하기 위해 범죄 조직이 해외에 있거나 외국인을 동원하기 때문이죠. 범죄자들은 대부분 다급하게 밀어붙이며 피해자의 판단력을 흔들어놓습니다. "답변이 없으면 당신의 계정은 이틀 내로 차단됩니다." 물론 이런 수법이 알려지면서 요즘은 완벽한 문장을 구사하거나 여유롭게 대화를 이어가는 범죄자도 많아요.

열심히 일해서 돈을 버는 것만큼이나 가진 돈을 잘 관리하는 게 중요한 시대예요. 사람들은 더 높은 수익을 찾아 투자에 열을 올립니다. 이런 분위기를 틈타 저 멀리 베네수엘라의 농장이나 엄청난 수익을 약속하는 금융 상품에 투자하라고 권하는 사람들이 있어요. 물론 그렇게 모인 돈이 실제로 투자되는 경우는 드물어요. 독일에서만 투자 사기로 매년 수십만 유로가 사라진답니다.

유명 브랜드 로고가 새겨진 의류나 가방을 놀랄 만큼 싼값에 파는 상점을 본 적이 있을 거예요. 위조품, 이른바 짝퉁 판매는 오래된 사기 수법이지만 기술의 발전으로 잘 만든 위조품은 전문가도 진위를 판단하기 힘들다고 하죠. 한국 기업의 제품을 위조한 짝퉁 시장의 규모만 연간 11조 원에 이릅니다.[9] 유럽연합은 매년 20억 유로(3조 원), 8000만 개가 넘는 위조품을 압수해요. 압수된 짝퉁 목록엔 의류, 담배, 장난감, 가전제품, 심지어 사람의 건강을 해칠 수 있는 위조 의약품까지 존재해요.[10]

탈세: 기저귀에 숨긴 돈

2020년대 독일과 한국 정부가 1년에 쓰는 예산은 각각 5000억 유로(750조 원), 650조 원에 달해요. 이 돈은 모두 시민과 기업이 낸 세금으로 마련합니다. 물론 세금이 반가운 사람은 없기에 세금을 피하려는 수법도 날로 진화하고 있어요. 세금 회피에는 합법적인 행위(절세)와 불법적인 행위(탈세)가 있는데, 사실 둘은 경계가 애매한 경우가 많습니다. 세금을 부과하는 과세제도 역시 불공평하다는 지적에 시달리고 있죠.

대다수 임금 노동자는 세금을 피할 방법이 거의 없습니다. 이들의 소득은 매달 투명하게 공개되고, 그에 해당하는 근로소득세를 기업이 직접 세무서에 납부하기 때문이에요. 그런데 사업이나 투자로 돈을 버는 부자들은 달라요. 이들의 세금은 세무서로 바로 가지 않는 경우가 많아요. 속이거나 감출 수 있는 기회가 생기는 거죠. 기업도 마찬가지예요. 특히 여러 나라에서 사업을 벌이는 다국적 기업은 종종 세율이 낮은 지역에 자회사를 설립한 뒤 수익금을 옮기려고 해요. 미디어에선 이런 곳을 **조세피난처**라고 합니다.

아마존, 페이스북, 애플 같은 다국적 기업들은 조세피난처의 단골 고객입니다. 2017년 구글은 북대서양의 버뮤다 제도에 자회사(구글 버뮤다)를 만들었습니다. 이곳 섬들은 분홍빛 모래와 깊고 푸른 물빛, 그리고 세금 혜택으로 유명해요. 미국을 포함한 세계 각국의 구글 지사들은 수익의 상당 부분을 법인세가 없는 구글 버뮤다로 보냈어요. 미국의 법인세율은 35퍼센트, 다른 나라의 평균 법인세율도 26퍼센트에 달하는 것을 감안하면 구글이 아낀 세금은 천문학적인 액수가 될 거예요. 프랑스의 경제학자 게이브리얼 주크먼은 이렇게 지적했죠. "2020년까지 구글은 아무런 사업도 벌이지 않은 섬에서 수십억 달러의 수익을 냈습니다."

기업들의 이런 편법 행위로 손해를 보는 것은 공공서비스에 쓸 돈이 늘 부족한 한국이나 독일, 미국 정부와 그곳 시민들이에요. 2016년 유럽연합은 애플에 130억 유로(19조5000억 원)의 세금 납부를 요구했어요. 130억 유로면 거대 스포츠 기업 아디다스의 1년 매출과 맞먹는 액수예요. 긴 법정 싸움이 시작됐죠. 사실 문제가 된 건 버뮤다의 섬들만이 아니에요. 아일랜드, 네덜란드, 룩셈부르크 같은 유럽연합 회원국들도 낮은 법인세율을 무기로 조세피난처와 같은 일을 했거나 현재도 하고 있어요.

이에 맞서 세계 주요 20개국의 모임인 G20에서는 '글로벌 최저한세(Global Minimum Tax)'라는 제도를 도입했습니다. 다국적 기업들은 앞으로 사업체를 운영하는 곳에서 세금을 내야 해요. 또한 최소 법인세율을 이윤의 15퍼센트로 정하고, 그보다 세율이 낮은 지역에서는 차액을 부과하도록 했습니다.

탈세의 수법은 이 밖에도 다양해요. 과거 스위스의 은행들은 '비밀유지 정책'으로 유명했습니다. 부패한 권력자의 비자금이든 범죄 수익금이든 가리지 않고 받아주었고, 예금주의 정보에 대해선 철저히 입을 다물었죠. 탈세나 돈세탁을 노리는 전 세계의 검은 돈이 이곳으로 흘러들었습니다. 독일인들이 스위스의 한 은행 금고에 예치한 돈만 수천억 유로에 달했어요. 다행히 G20을 비롯한 국제사회의 연대와 압박에 힘입어 스위스 정부와 은행의 비밀유지 정책은 하나씩 허물어지고 있습니다.

저는 세관원 쾨벨린과 독일-스위스 국경에서 하루를 보낸 적이 있어요. 매일 3만 대의 차량이 이곳을 지납니다. 이 행렬을 검문검색하는 쾨벨린과 동료들은 사흘에 한 번꼴로 불법 자금을 찾아냈어요. 어느 부부는 특수 제작한 조끼에 20

만 유로(3억 원)를 숨겨 들어오다가 적발되었습니다. 소시지 사이에 돈을 감춘 정육업자도 있었죠. 한번은 기저귀를 두 개씩이나 착용한 중년 남성이 검색대에 섰어요. 쾨벨린은 그를 곤란하게 만들고 싶지 않았지만 원칙대로 검사를 진행해야 했죠. 그리고 검색대를 통과한 남성의 기저귀에서는 10만 유로가 넘는 돈이 쏟아져 나왔습니다.

3000유로(450만 원)의 월급으로 아내와 다섯 아이를 부양하는 쾨벨린은 왜 그렇게 많은 부자들이 세금을 피하려고 이런 짓까지 감행하는지 이해할 수 없다고 말했어요. 그날 저녁엔 도이체포스트(독일의 우정사업본부)의 책임자가 100만 유로의 세금을 탈루했다는 뉴스가 보도되었답니다.

'페이퍼 컴퍼니' 역시 세금 탈루의 온상이에요. 페이퍼 컴퍼니란 실제로 사업은 하지 않으면서 서류(페이퍼)에 등록만 되어 있는 기업을 말해요. 진짜 소유자는 베일에 가려져 있죠.

독일 언론들은 '파나마 페이퍼스'라는 비밀문서를 폭로했습니다. 1970년대부터 50여 년간 기업과 부유층이 세금을 피하기 위해 중앙아메리카의 조세피난처인 파나마, 버진 아일랜드 등에 돈을 감춘 사실이 드러났죠. 이 문서엔 러시아 대통령 블라디미르 푸틴의 측근들과 탈세 혐의로 유죄를 선고 받은 축구 선수 리오넬 메시도 등장해요. 이후 80개국이 참여한 공동 조사가 시작되었고, 혐의가 드러난 아이슬란드 총리가 사임하는 사태까지 벌어졌습니다. 파나마 페이퍼스 사건은 국경을 넘나드는 탈세 범죄를 국제사회의 공조로 적발해낸 쾌거예요.

이처럼 세금 사기나 탈루 행위의 수법은 날로 지능화하고 있습니다. 회계사, 법률가 등의 전문가 집단은 물론 은행과 정치권력까지 동원되죠. 언론과 세무 당국, 정부가 열심히 제도의 허점을 찾아서 막아도 탈세범들은 이미 다음 속임수를 계획하고 있어요.

경제 위기 I: 불황을 이겨내는 법

이제 더 큰 관점에서 한 나라나 세계 전체에 영향을 미치는 '경제 위기'에 대해서 알아볼게요. 한 나라의 국민경제는 빠르게 성장할 때고 있고, 천천히 성장할 때도 있어요. 때로는 성장이 멈추거나 마이너스를 기록하기도 합니다. 경제상황이 좋을 때를 가리켜 **호황**, **호경기**, **경기확장**이라고 표현해요. 반대로 성장이 정체되거나 후퇴하는 시기를 **불황**, **불경기**, **경기침체**라고 합니다. '경기'라는 말은 경제의 기운을 뜻해요. 맑은 날과 궂은 날이 돌아가며 찾아오듯, 경기도 맑음(호황)과 흐림(불황)을 번갈아 되풀이합니다. 이런 흐름을 가리켜 **경기순환**이라고 해요.

1년을 3개월씩 4등분한 것을 분기라고 하는데, 이 분기를 기준으로 경기의 변화를 판단합니다. 일반적으로 GDP가 2분기(6개월) 연속으로 감소하면 경기침체, 즉 불황이라고 해요. 경제 위기는 경기침체가 급격하게 진행되며 생산과 소비 등 경제활동 전반에 충격을 주는 상황을 의미합니다.

해마다 꾸준히 성장해온 독일 경제는 2009년과 2020년에 각각 마이너스 성장률을 기록하며 경제 위기를 맞았습니다. 그런데 2020년 위기는 코로나19라는 치명적인 바이러스가 원인이었지 경제 시스템 자체의 문제는 아니었어요. 반면에 2009년 마이너스 성장의 원인이 된 **2008년 세계금융위기(대침체)**는 명백히 자본주의 경제체제의 오작동이 불러온 사태입니다. 독일은 물론 전 세계를 침체에 빠뜨린 세계금융위기는 부동산 투기 및 그와 연관된 탐욕스러운 금융상품이 일으킨 재앙이에요.

독일의 한 경제학자는 미국 유학 시절 13만 달러(1억 9500만 원) 정도 하는 집에서 머물렀습니다. 불과 몇 년 뒤 대학교수가 되어 그 집을 다시 찾은 그는 믿을 수가 없었어요. 그새 집값이 세 배로 뛴 거예요.

집을 마련하려는 사람들은 돈을 빌리기 위해 은행으로 달려갔습니다. 집값은 계속 올라갔기에 대출금과 이자를 충분히 감당할 수 있다고 보았죠. 은행 역시 상황을 낙관하고 재산이나 수입이 없는 사람들에게까지 마구잡이로 돈을 빌려줬습니다. 앞으로 구입할 집을 담보로 말이죠.

심지어 집을 사려는 사람들과 은행이 맺은 주택담보대출 계약을 금융상품으로 만들어 시장에 내놓았어요. 채무자가 대출금을 상환하면 투자자에게 수익이 돌아가고, 제때 상환하지 못해도 담보로 잡은 집이 있으니 문제가 없다는 논리였죠. 그러나 이런 믿음은 집값 거품이 꺼지는 것과 동시에 무너지고 말았습니다. 채무자, 은행, 투자자까지 모두가 파산으로 내몰렸어요.

시장에서 특정 자산의 가격이 실제 가치 이상으로 평가되는 현상을 **거품경제**라고 합니다. 17세기 네덜란드에서는 튤립이 크게 유행했어요. 튤립이 돈이 된다는 소식에 너도나도 투자에 나섰고,

유행은 광풍으로 번졌습니다. 가장 비싼 튤립의 가격이 수도 암스테르담의 주택 6채 값에 달했다고 해요. 당연하게도 이런 광풍은 오래 가지 못했죠. 튤립 가격이 하락세로 돌아서고 단 며칠 만에 수많은 네덜란드인이 재산을 잃고 거리로 나앉았습니다.

모든 거품은 언젠가는 터지기 마련이죠. 2008년 세계금융위기도 마찬가지입니다. 네덜란드의 튤립 투기처럼 한껏 부풀었던 부동산 거품의 끝은 재앙이었습니다. 담보의 가치(집값)가 대출금보다 떨어지자 은행은 이자를 올리거나 상환을 독촉했어요. 집값이 계속 오를 거라고 믿고 빚을 내서 주택을 산 사람들 대다수는 집을 포기해야 했죠. 한편 떨어진 집값 때문에 손해를 본 투자자들도 투자금 회수에 나섰고, 이를 감당하지 못한 은행들이 줄줄이 파산하기 시작했습니다.

자본주의 체제에서 돈의 흐름을 담당하는 금융 산업은 사람 몸의 혈관과 같아요. 혈관을 통해 전신에 피와 영양소가 공급되듯 은행을 비롯한 금융 산업은 시장경제의 각 분야에 필요한 자금을 댑니다. 그런 금융 산업이 휘청하자 전 세계경제가 위기에 빠졌습니다. 수백만 명이 일자리를 잃었죠. 부동산 거품에서 시작된 이 사태를 '세계금융위기'라고 부르는 이유입니다.

세계금융위기는 신자유주의 경제 시스템과 세계화에 대한 반성을 불러왔습니다. 각국 정부는 금융 부문에 대한 통제를 강화했어요. 은행이 자본을 더 확충하도록 강제하고, 무분별한 투기 상품 판매를 규제했습니다. 덕분에 2008년과 비슷한 문제가 생기더라도 은행이 파산하는 일은 크게 줄어들었어요. 이런 위기-극복 흐름은 100년 전 **대공황**의 발생-회복 과정과도 유사합니다. 실제로 2008년 세계금융위기를 '대침체'라고도 합니다. 자본주의 역사상 최악의 경제 위기로 기록된 대공황에 버금가는 사태였기에 붙은 명칭이에요.

1929년 대공황이 발생하자 경제학자 존 메이너드 케인스는 정부의 적극적인 개입을 강조하고 나섰습니다. 더 이상 시장에만 맡겨서는 이 위기를 극복할 수 없다는 뜻이었죠. 이후 그의 생각은 **케인스주의**라는 이름으로 수십 년간 세계경제를 주도하게 됩니다.

케인스의 위기 극복법

대공황 이전에는 공급, 즉 생산능력이 높을수록 수요도 상승한다는 게 경제학의 상식이었어요. 소비 능력은 생산을 통해 얻은 임금의 크기와 같고, 따라서 공급이 모든 경제활동의 기반이라는 논리죠. 그런데 언젠가부터 생산이 증가해도 사람들의 소비는 감소하는 현상이 일어났습니다. 그러자 기업은 생산과 투자를 줄였고, 이는 다시 실업의 증가로 이어졌죠. 이런 현상은 상호작용하며 수요와 공급을 계속 떨어뜨렸어요. 그렇게 불황이 길어지다가 마침내 대공황으로 번졌죠. 주가는

10분의 1토막이 났고 거리엔 실업자가 넘쳐났습니다. 이런데도 대다수 경제학자는 대공황을 일시적인 불황으로만 여기고 손을 놓고 있었어요. 시장이 스스로 균형을 찾기만을 바란 거죠.

케인스의 생각은 달랐어요. 그는 경제 위기 때 공급이 증가해도 수요, 즉 소비가 부족한 현상이 일어나는 데 주목했습니다. 그러면서 상품을 구입할 의사와 능력이 있는 상태를 '유효 수요'로 정의했어요. 그는 공급이 아니라 유효 수요가 경제활동의 기반이며, 유효 수요를 회복해야 위기를 극복할 수 있다고 주장했습니다.

케인스의 해법을 요약하면 다음과 같아요. "정부는 빈 병을 땅에다 파묻고 사람을 고용해 그걸 다시 파내라." 다시 말해 유효 수요가 부족하다면 국가가 나서서라도 만들어내야 한다는 뜻이에요. 이를 통해 기업의 매출이 회복되면 노동자의 소득이 증가하고, 비로소 위기에서 벗어날 수 있다는 거죠.

그런데 경제 위기 상황에서는 세금도 줄어드니 정부도 쓸 돈이 부족합니다. 그렇다면 돈을 어디서 마련해야 할까요? 케인스는 정부에 채권 발행을 권했어요. 돈을 빌리라는 뜻이죠. 대공황 같은 심각한 위기에선 정부가 빚을 내서라도 적극적으로 수요를 만들어내야 한다는 거예요.

케인스의 이론을 가장 먼저 받아들인 사람은 미국의 프랭클린 루스벨트 대통령입니다. 루스벨트 행정부는 1933년부터 5년간 '뉴딜'이라는 이름의 공공 건설·문화 사업을 추진해 미국을 대공황의 수렁에서 건져내었습니다.

경제 위기 Ⅱ : 스태그플레이션

일반적으로 호황기엔 소비와 투자가 늘어나기에 물가도 올라갑니다. 반대로 불황일 땐 소비와 투자가 줄어드니 물가는 동결되거나 내려가죠. 앞에서 살펴본 대공황과 세계금융위기가 불황의 가장 심각한 사례예요. 그런데 예외적으로 경제가 불황인데, 즉 투자와 소비가 줄고 실업률이 증가하는데 물가까지 함께 폭등하는 위기 상황이 있습니다. 이를 **스태그플레이션**(stagflation)이라고 해요. 불황을 뜻하는 스태그네이션(stagnation)과 물가상승을 뜻하는 인플레이션(inflation)을 합친 말이에요(경제학적으로 인플레이션의 의미는 더 복잡한데, 조금 뒤에 다시 설명할게요).

　스태그플레이션의 원인에 대해선 의견이 분분하지만, 역사적으로 보면 생산비용의 급격한 상승이 주요 원인으로 작용했습니다. 1970년대의 '석유 파동'이 대표적이에요. 당시 중동의 산유국들이 원유 생산을 줄이는 동시에 가격을 일제히 인상하면서 전 세계의 물가가 폭등했습니다. 그러자 에너지, 교통, 제조업 등 석유와 연관된 모든 산업의 생산비용이 올라가면서 투자가 줄고 실업률이 크게 올랐죠. 이 밖에 1990년대 한국을 비롯한 아시아 국가들이 외환위기에 처했을 때도 불황과 물가상승이 동반되며 스태그플레이션이 발생했습니다. 또한 2020년엔 코로나 팬데믹으로 전 세계가 봉쇄·단절되면서 각국의 생산 활동이 크게 줄었고, 그 영향으로 실업률과 물가가 동시에 폭등하는 스태그플레이션 현상이 나타났습니다.

스태그플레이션 상황에서는 경제학자들이 제시해온 전통적인 해법이 잘 통하지 않습니다. 불황과 물가인상에 동시에 대처해야 하는데, 어느 한쪽의 대응책이 다른 한쪽의 상황을 악화시킬 수 있기 때문이에요. 경기를 살리겠다고 섣불리 정부지출이나 화폐유통을 확대하면 인플레이션이 커지고, 반대로 물가를 잡으려다가 불황이 더 심해질 수 있기 때문이에요. 물론 어렵다고 손을 놓고 있을 순 없겠죠.

100년 전 대공황 당시 독일의 실업자는 600만 명에 달했고, 오랫동안 이 문제를 해결하지 못했습니다. 이는 결국 히틀러라는 독재자의 탄생과 2차 세계대전으로 이어졌죠. 반면 100년 뒤 코로나 팬데믹이 불러온 경제 위기를 맞아 독일은 노동자와 기업에 긴급히 보조금을 지급했습니다. 덕분에 한때 300만 명까지 늘어났던 실업자 규모는 빠르게 감소했어요.

한국 정부도 이와 비슷한 대책을 내놓았습니다. 소비를 (즉 기업의 매출을) 늘리기 위해 전 국민에게 민생지원금을 지급하고, 자영업자에게는 저금리로 대출을 제공했습니다. 물가 인상의 우려에도 불구하고 이러한 지원은 경제에 도움이 됩니다. 적어도 세계 금융위기 때처럼 나라 전체의 경제가 나락으로 떨어지는 것을 막을 수 있어요.

정부만이 아니에요. 중앙은행의 역할도 중요해요. 무엇보다 중앙은행은 통화량(화폐의 유통량)과 기준금리(이자율)를 조정해 위기에 대응할 수 있어요. 이 두 가지를 묶어서 통화정책이라고 합니다. 예컨대 불황이라면 한국은행이나 유럽중앙은행에서는 통화량을 늘리거나 기준금리를 낮춥니다. 그러면 시중에 낮은 이자의 돈이 공급되기에 투자와 고용을 늘릴 수 있어요, 그만큼 경기가 회복되는 거죠.

물론 이런 통화정책은 물가 상승, 즉 인플레이션을 부를 수 있기에 신중하게 접근해야 해요. 인플레이션과 통화정책에 대해 더 알아볼까요?

경제 위기 Ⅲ : 인플레이션은
우리를 더 가난하게 만들어요

일반적으로 지갑이나 은행에 넣어둔 돈은 시간이 갈수록 가치가 줄어듭니다. 물가가 오르기 때문이에요. 여러분의 은행계좌에 50만 원이 있다고 해볼게요. 그 돈으로 20만 원짜리 자전거와 30만 원짜리 스마트폰을 살 수 있어요. 그런데 모든 물가가 10퍼센트 오르면 두 상품의 가격은 55만 원이 됩니다. 이제 여러분은 자전거와 스마트폰 모두를 살 순 없어요. 여러분이 가진 돈의 가치, 즉 구매력이 감소했기 때문이죠.

　물가가 해마다 어느 정도 오르는 것은 자연스러운 현상이에요. 자전거 제조업체를 예로 들면 자재 값도 오르고 직원들 급여도 올려줘야 하니까요. 그러니까 일반적으로 제품 가격이 오른다는 건 사람들의 임금도 그만큼 오른다는 뜻이에요. 이러면 돈의 가치가 떨어져도 구매력은 줄어들지 않습니다.

　문제는 임금 인상률 이상으로 물가가 급등할 때예요. 이를 가리켜 '실질임금' 또는 '구매력'이 하락했다고 합니다. 월급이 올라도 물가 상승을 감안하면 전보다 더 가난해진 거예요. 지금까지 우리는 인플레이션을 물가 상승으로 간단히 이해했는데요. 정확히 말해 **인플레이션**이란 '물가의 지속적 상승으로 실질소득이 감소하는 현상'을 의미합니다.

한 달 사이에 물가가 50퍼센트, 즉 1.5배 이상 폭등하는 걸 초인플레이션 또는 하이퍼인플레이션이라고 합니다. 그야말로 국민경제가 파탄 난 상태를 가리키죠.

1920년대 초 독일에선 한 달 새 물가가 300배까지 뛰는 사태가 벌어졌습니다. 1914년 제1차 세계대전에 뛰어든 독일 정부는 전쟁 비용을 대기 위해 대규모 국채를 발행했어요. 국민에게 빚을 진 것이죠. 전쟁에서 이겨 받아낼 배상금으로 빚을 갚을 계획이었지만, 뜻대로 되지 않았습니다. 패전국이 된 독일은 거꾸로 막대한 배상금을 물어줄 처지에 놓였어요. 결국 독일 정부는 돈을 마구 찍어냈고, 초인플레이션을 불러일으키게 됩니다. 1923년이 되자 독일인들은 장을 보기 위해 수레에 지폐를 가득 채워 다녀야 했어요. 실질임금이 줄고, 저축한 돈마저 휴지조각이 되자 사람들은 점점 절망에 빠졌습니다.

화폐에도 수요·공급의 원칙이 작동해요. 통화량이 증가하면 돈의 가치가 떨어지고 물가는 상승합니다. 인플레이션을 유발하는 거죠. 따라서 한국은행과 유럽중앙은행 등 주요 국가의 중앙은

행은 경제성장에 필요한 만큼 통화량을 늘리면서도 연간 물가인
상률을 2퍼센트로 제한한다는 목표를 가지고 있어요. 이를 위해
또 하나의 통화정책을 동원합니다. 기준금리, 즉 예금과 대출에 적
용되는 이자율을 조정하는 거예요. 금리가 인상되면 이자 부담이
올라가니 기업은 투자를 줄여요. 경제는 다소 가라앉겠지만 인플
레이션은 둔화되겠죠. 현실에선 더 복잡한 과정이 벌어지지만 원
리는 그렇습니다.

　　　1970년대 석유파동은 극심한 불황과 함께 엄청난 인플
레이션을 불러왔습니다. 그러자 각국 중앙은행은 기준금리를
대폭 인상합니다. 고통스러운 결정이었어요. 대출이자가 오
르자 기업은 투자를 줄였고, 노동자들은 일자리를 잃었으니
까요. 그럼에도 금리 인상은 효과를 냈어요. 끝없이 오를 것
같던 물가가 잡히기 시작한 거예요.

　　　코로나 팬데믹 이후 한국과 유럽연합 등 세계 각국은 경기침
체에서 벗어나기 위해 통화량을 늘렸어요. 이는 경기가 회복되는
데 기여했지만, 결국 심각한 인플레이션이 일어났습니다. 많은 사
람들의 실질소득이 감소했어요. 설상가상으로 2022년부터 시작

된 러시아의 우크라이나 침공으로 에너지와 식량 가격이 폭등했습니다. 그러자 1970년대 석유파동에서 그랬듯 각국 중앙은행은 서둘러 금리 인상에 나섰어요. 이 조치의 효과는 제한적이었습니다. 물가 상승은 다소 잠잠해졌지만 사람들의 구매력은 회복되지 않았어요. 심각한 불황이 찾아왔죠. 많은 경제학자들은 이런 위기가 한동안 이어지리라 전망합니다.

중앙은행의 통화정책은 신중해야 해요. 가령 불경기에 내렸던 기준금리를 인플레이션이 발생한다고 해서 바로 인상해서는 안 됩니다. 금리가 오르면 대출이 줄고, 이는 막 회복한 경제성장을 억제할 수 있기 때문이에요. 그렇다고 금리 인상을 너무 미뤄도 곤란해요. 인플레이션이 심할수록 사람들의 고통도 커지니까 말이죠.

$$f(\omega) = \int_{-\infty}^{\infty} f(x)e^{-2\pi i x \omega}\, dx \quad \frac{dt}{d}$$

$$\rho\left(\frac{\partial v}{\partial t} + v \cdot \nabla v\right) = -\nabla p + \underline{\nabla \cdot T}$$

$$H = -\sum p(x) b$$

$$\frac{1}{2}\sigma^2 S^2 \frac{\partial^2 V}{\partial S^2} + r S \frac{\partial V}{\partial S} + \frac{\partial V}{\partial t} - r$$

$$C(Q, q_i, m_i) = \sum_{i=1}^{n}\left[\frac{D_i}{m_i q_i} S_i\right.$$

$$5\gamma^2$$

$$\Delta P_\ell t^{\frac{1}{2}}$$

$$\frac{d\Delta_F}{a}$$

$$\frac{d\Delta N}{c}$$

$$\int_0^{\frac{\pi}{2}} (\log \sin x)^2 dx$$

자동차 정비공장 직업훈련생인 레온은 매달 1000유로 (150만 원)를 벌어요. 아직 부모님과 함께 살고 있기에 생활비가 따로 들지 않죠. 한편 엠마는 할머니와 할아버지에게 대학 입학 선물로 1만 유로(1500만 원)라는 큰돈을 받았습니다. 그런데 엠마는 졸업 전까진 이 돈을 쓸 일이 없어요. 두 사람은 각자의 여윳돈을 어떻게 하면 좋을지 고민하기 시작했어요.

열심히 일해서 받는 급여로 여러분이 할 수 있는 일은 두 가지예요. 하나는 집세, 식비. 보험료, 취미 등 생활비와 여가를 위해 지출하는 거예요. 다른 하나는 미래를 위해 저축하거나 투자하는 거예요. 둘 다 국민경제에 매우 중요합니다. 소비에 대해선 더 말할 것도 없겠죠. 사람들이 돈을 써야 기업과 시장이 돌아가니까요. 저축은 어떨까요? 기업은 새 공장을 짓거나 신상품을 내놓기 위해 돈이 필요할 때 은행을 찾습니다. 여러분이 은행에 모아둔 돈을 대출하기 위해서죠. 나아가 직접 자금을 모으기도 해요. 투자를 받기 위해 주식을 발행하는 식으로요.

저축과 투자. 여러분에게도 낯설지 않은 용어죠? 앞서도 여러 차례 했지만 **저축**은 아껴 모은다는 뜻이에요. 은행예금, 지급액이 정해진 보험과 연금이 대표적이죠. 이들 저축 상품은 정해진 기간 동안 돈을 예치하거나 나눠서 납입하는 방식으로, 원금과 일정한 수익(이자)이 보장됩니다.

한편 **투자**는 이익을 기대하고서 금융상품(주식 등)이나 경제적 가치가 있는 물건(부동산, 귀금속 등)을 구입하는 걸 가리켜요. 저축보다 큰 수익을 기대할 수 있는 대신 손해를 볼 위험도 안고 있습니다. 가령 주식에 투자한다는 건 기업의 일부를 소유한다는 뜻이에요. 그 기업의 가치에 따라 내가 산 주식의 가격도 오르내리는 거죠.

한편 정부나 기업이 자금을 마련하기 위해 발행하는 채무증서, 즉 채권은 조금 복잡합니다. 채권은 기본적으로 투자 상품이지만, 그 가운데 정부가 발행하고 수익을 보장하는 국채는 저축 상품으로도 분류됩니다. 예금과 국채는 상대방(은행과 정부) 입장에서 보면 대출의 일종이고, 따라서 예금·채권 보유자의 수익은 상대방에겐 대출이자인 셈이죠.

열심히 버는 것만큼이나 번 돈을 어떻게 관리하느냐가 중요한 세상이에요. 이번 장에선 여러분도 이미 시작했거나 머잖아 경험하게 될 저축과 투자에 대해 알아보겠습니다.

대출: 필요한 곳에 돈을 공급하는 일

샌드위치를 먹고 싶었지만 지갑을 깜빡한 제니는 메메트에게 5유로(7500원)를 빌렸습니다. 제니와 메메트는 얼마를 빌리고 언제까지 갚겠다는 내용이 담긴 차용증을 작성했어요. 대출계약을 맺은 거죠. 이제 메메트에겐 빌려준 돈을 돌려받을 권리가 있어요.

대출은 어떻게 작동할까요? 오늘날과 같은 금융 시스템이 정립되기 시작한 13세기 이탈리아로 한번 가보죠. 피렌체와 베네치아 등지에서는 돈을 빌려주고 이자를 받는 대금업자를 반키에리(banchieri)라고 불렀습니다. 그들이 주로 긴 의자를 뜻하는 방코

(banco)에 앉아 업무를 보았기에 붙은 명칭이에요. 영어 뱅크(Bank)가 바로 여기에서 나온 말이에요. 참고로 은행(銀行)이라는 용어는 중국에서 왔어요. 은(銀)은 오랫동안 중국에서 화폐로 사용되었는데, 은을 유통하던 상인조합(行, 행)이 금융업으로 발전하면서 이런 이름이 붙었다고 해요.

지중해를 중심으로 장거리 무역을 하던 이탈리아 상인에게 무거운 금화는 골치 아픈 존재였습니다. 피렌체의 의류상이 수백 킬로미터 떨어진 튀르키예의 이스탄불까지 가서 옷감을 주문하려면 커다란 궤짝에 금화를 담아가야 했어요. 강도나 해적의 먹잇감이 되기 십상이었죠.

이에 일부 상인은 피렌체의 반키에리에게 금화를 맡기고 액수가 기록된 **증권**⁺을 받아서 이스탄불로 갔습니다. 피렌체의 반키에리와 관계를 맺고 있는 그 지역의 대금업자를 찾아가 증권을 금화로 바꾼 다음 옷감을 거래하는 거죠. 금화의 운반 부담을 크게 덜어낸 이런 거래 방식은 무역에 활기를 불어넣었어요. 증권 자체가 보편적 거래 수단으로 기능하면서 상인들은 증권을 금화로 바꾸지 않은 채 다른 거래에서도 사용하기 시작했죠. 나아가 반키에

✦ 재산상의 권리와 의무가 기재된 문서를 가리켜요. 오늘날 현금 대신 지불 수단으로 사용되는 어음이나 수표, 또는 기업에서 발행하는 주식이 모두 증권에 속해요.

리는 신용이 있는, 즉 믿을 만한 상인에게는 금을 받지 않고도 증권을 내어주었습니다. 물론 그 액수에 상응하는 이자가 붙었죠. 맞습니다. 신용을 매개로 대출이 일어난 거예요. 영어로 신용을 뜻하는 크레디트(credit)는 '믿다'를 뜻하는 라틴어 크레데레(credere)에서 나온 말이에요.

메메트는 점찍어둔 스마트폰이 신학기를 맞아 할인 판매한다는 광고를 봤어요. 돈이 조금 부족하지만 이 기회를 놓치고 싶지 않은 메메트에게 판매점 직원은 할부 거래를 권했습니다. 일단 물건을 받고 몇 개월 동안 기기 값을 나눠서 지불하면 된다는 거죠. 이것도 일종의 신용 대출 거래예요. 구매자는 판매 기업에 돈을 빌려 물건을 사는 셈이죠. 물론 기업은 그 대가로 할부 이자와 의무사용기간, 위약금 조항 등을 계약서에 넣습니다.

대부분의 사람은 집을 살 때 집값의 일부만 가지고 있고, 나머지 금액은 대출로 마련합니다. 메메트의 부모님도 정원이 딸린 집을 짓기 위해 은행에서 돈을 빌렸습니다. 건축비는 60만 유로(9억 원)이고, 이 중 30만 유로가 대출금이에요. 은행은 적잖은 이자와 함께 해당 주택을 담보로 요구했어요. 메메트의 부모님이 대출 원금과 이자를 다 갚을 동안 은행은 그 집에 일정한 권리를 가지게 됩니다.

메메트네 사례에서 보듯 돈을 빌리는 덴 이자가 필요해요. 큰 돈이라면 대부분 담보까지 요구하죠. 은행 입장에선 당연한 요구예요. 수익도 남겨야 하고, 돌려받지 못할 경우에도 대비해야 하니까요. 한편 대출은 기업의 주요 자금원이기도 합니다. 경제가 활기를 띠려면 대출 거래가 활발히 일어나야 해요. 그렇게 보면 이자와 담보는 은행이 대출에 적극적으로 나서게 만드는 수단이기도 합니다.

물론 학생들끼리 간식값을 주고받는 데까지 이자와 담보를 요구할 순 없겠죠. 메메트에게 제니는 믿을 만한 친구니까요. 그렇지만 빌려간 돈을 갚지 않는다면? 아마도 메메트는 제니의 어머니를 찾아갈 거예요. 말하자면 친구와 그의 부모님에 대한 신용을 담보로 잡은 거죠.

돈을 갚지 않으면 어떻게 될까요?

    슈파(Schufa)는 독일의 신용평가기관으로, 개인의 금융 정보를 수집합니다. 누구든 대출금을 제때 갚지 않으면 슈파의 데이터베이스에 기록됩니다. 그러면 앞으로 은행에서 돈을 빌리기 어려울 거예요. 은행이 대출자격을 심사할 때마다 슈파의 정보를 조회하기 때문이죠. 독일엔 버는 돈에 비해 과도한 빚을 지고 있는 성인이 600만 명에 달합니다. 여러분도 사업 자금을 마련하거나 집을 장만하기 위해 은행을 찾을 때가 올 거예요. 그때마다 대출 계약서를 신중하게 들여다보고 결정해야 해요. 자신의 경제적 여건을 고려하면서 말이죠.

    기업도 마찬가지예요. 시장경제에서는 어떤 분야든 경쟁이 치열해요. 망하는 기업도 적지 않습니다. 독일의 항공사 에어베를린이나 한국의 대우자동차처럼 잘나가던 대기업이라도 말이죠. 개인이든 기업이든 전 재산을 털어도 빚을 감당할 수 없는 처지에 놓였다면 회생이나 파산을 신청할 수 있어요.

    회생은 채무를 어느 정도 탕감하고 다시 일어설 기회를 주는 제도입니다. **파산**은 해당 개인이나 기업의 모든 자산을 돈을 빌려준 채권자들에게 나누어주고 남은 채무 관계를 종료하는 제도예요. 빚을 면제해준다니 좋을 것 같지만 악용을 막기 위해 두 제도 모두 까다로운 절차를 거쳐야 해요.

독일에서 개인 파산자는 슈파에 등록되고, 취직이나 집을 구할 때도 어려움을 겪는 경우가 많아요. 신용이 부족한 사람이라는 사회적 평가가 붙기 때문이에요. 한국에서도 파산하면 공무원 임용이 제한되는 등 불이익이 적지 않습니다.

대출금에 이자가 붙는 까닭

메메트의 부모님에게 30만 유로를 빌려준 은행은 대출이자를 받아요. 연이율이 3퍼센트고, 매달 원금과 이자를 함께 갚아나간다고 하면 첫해 이자는 약 9000유로(1350만 원)죠. 대출 기간이 10년이라면 총 이자는 4만 8000유로(7200만 원)에 달할 거예요 궁금하지 않나요? 빌려줬다가 돌려받을 뿐인데, 왜 이렇게 많은 이자가 붙는지 말이죠.

금리, 즉 예금이나 대출금에 붙는 이자는 종종 비판의 대상이 됩니다. 돈을 맡기거나 빌려주었을 뿐 아무것도 한 게 없는데 돈이 늘어나는 걸 불로소득이라고 보는 시각이 있기 때문이죠. 특히 과거 종교계에선 이자를 죄악으로 보고 금지하기도 했습니다. 이슬람의 경전인 《코란》에는 이런 구절이 있어요. "이자를 받는 사람은 사탄에게 사로잡힌 사람과 다를 바 없게 될 것이다." 그럼에도 사람들은 이자를 주고받습니다. 이자를 금지하면 대출이 막히고, 그에 따라 생산에도 타격이 가기 때문이에요. 결국 사람들의 수입이 줄어드는 거죠.

　　은행 사업도 비용이 발생합니다. 빌려줄 돈을 마련하기 위해선 예금 고객에게 이자를 지급해야 해요. 행원들에게 월급도 줘야 하고, 건물 임차료와 각종 경비도 내야 하죠. 일정 금액은 쓰지 않고 쌓아둡니다. 대출 고객이 돈을 갚지 않거나 예금 고객들이 돈을 찾으러 올 경우에 대비해서요. 이 모든 비용을 감당하면서도 수익을 내야해요. 은행도 빵집과 다름없이 이윤을 추구하는 기업이니까요. 제빵사가 돈을 받고 빵을 내주듯 은행은 대출이자를 약속받고 돈을 내줍니다. 이자가 없다면 어떤 은행도 메메트의 부모님에게 대출을 해주지 않을 거예요. 그러면 메메트의 가족은 집을 짓는

데 훨씬 오랜 세월이 걸리겠죠. 건축사와 건설사, 각종 자재 업체의 일감도 줄어들 거예요.

금리를 결정하는 것들

여윳돈의 투자를 고민하는 레온과 엠마는 요즘 채권에 관심이 갑니다. 채권을 산다는 건 그 액수만큼의 돈을 채권 발행자에게 빌려준다는 의미예요. 회사채라면 기업이, 국채라면 정부가 되겠죠. 채권 투자 절차는 이래요. 레온과 엠마가 채권을 구입해요. 채권 발행자는 약속한 이자를 정기적으로 또는 만기일에 원금과 함께 지급합니다. 만기일 전에 채권을 팔아도 돼요. 가격은 채권시장에서의 수요와 금리에 따라 정해집니다. 채권 거래가 복잡하게 느껴진다면 더 간단한 은행의 예금 상품도 괜찮아요.

보통예금은 이자율이 낮지만 맡겨둔 금액 전부를 언제든 인출할 수 있는 상품이에요. 정기예금은 이자율이 제법 높은 대신 한 달이든 1년이든 약속한 날(만기일)이 돼야 온전한 수익을 얻을 수 있어요. 당분간 돈 쓸 일이 없는 레온과 엠마라면 정기예금에 가입하는 게 좋겠죠. 또한 정기예금은 오래 예치할수록 더 많은 이자를 지급해요. 그동안 은행은 예치금을 다른 고객에게 빌려줘서 수익을 거두기 때문이죠. 당연히 은행 입장에서 대출이자는 예금이자보다 커야 해요. 이걸 예대금리차라고 해요. 예대금리차가 클수록 은행의 수익률도 올라갑니다.

그런데 은행의 이자율은 왜 고정되어 있지 않고 오르내릴까요? 여러 가지 요인이 있지만 가장 중요한 건 기준금리예요. 예컨대 치솟는 물가를 잡기 위해 중앙은행이 기준금리를 올리면 시중은행의 금리, 즉 예금과 대출의 이자율도 함께 올라갑니다. 또 하나는 수요·공급이에요. 금리는 곧 돈의 가치이기도 해요. 그래서 돈에 대한 수요가 높을수록 금리도 올라갑니다. 반대로 돈의 공급, 즉 통화량을 늘리면 금리가 내려가는 경향이 있습니다.

일반적으로 호황기엔 금리가 상승합니다. 경기가 좋을수록 투자나 소비가 늘어나니 돈에 대한 수요가 증가하는 거예요. 비슷한 맥락에서 경제성장률이 가파른 신흥공업국은 금리가 높고, 한국·일본·유럽연합·미국 등 산업화를 마친 선진국은 금리가 낮은 경향을 띕니다.

인플레이션이 발생해도 금리가 상승해요. 방금 전 7장에서도 이야기했듯, 물가가 높다는 건 상대적으로 물건을 구입할 수 있는 돈의 가치가 떨어졌다는 뜻이죠. 그러면 중앙은행은 대체로 기준금리를 올려요. 돈의 가치를 높여 물가를 떨어뜨리는 거죠. 또한 중앙은행은 통화량을 조정하는 것으로도 금리에 영향을 미칩니다. 인플레이션 상황이라면 국채를 발행하거나 민간 은행의 지급준비율을 높이는 거예요. 이를 통해 화폐의 유통량(공급)을 줄여 금리 인상을 기대하는 거죠.

안타깝게도 레온과 엠마가 알아본 은행의 예금 상품은 하나같이 이자율이 너무 낮아요. 채권도 수익률이 괜찮은 건 만기일이 너무 길어요. 둘은 다른 투자처를 찾기로 했습니다. 유튜브를 통해 알아보니 요즘은 주식과 부동산, 그리고 비트코인 같은 가상자산이 인기라고 해요.

주식으로 돈 벌기

대출 거래에서 담보가 왜 생겼다고 했죠? 맞아요. 돈을 떼일 위험

을 막기 위해서죠. 그런데 마땅한 담보가 없다면 어떻게 해야 할까요? 이때는 돈을 빌리는 게 아니라 투자를 받아서 자금을 마련합니다. 예컨대 주식을 발행하는 거예요.

　　13세기 피렌체의 의류상은 사업을 더욱 확장하고 싶었습니다. 로마와 베네치아, 제노바에도 옷감을 팔고 싶었죠. 문제는 지점을 개설할 자금이에요. 대금업자에게 빌릴 수도 있지만 이자와 담보가 부담된 그는 믿을 만한 동료 둘에게 투자를 제안했습니다. 세 사람은 주식회사를 설립해 지분을 50:25:25로 나눴어요. 수익 역시 지분율대로 나누기로 했죠. 사업은 날로 번창하자 세 사람은 수익금의 일부를 올리브 농장에 투자했습니다. 그리고 이 선택은 훗날 전쟁으로 옷감 무역이 막혔을 때 회사가 망하지 않고 살아남는 버팀목이 되었습니다. 요즘 말로 하면 분산 투자를 통해 리스크(위험)를 줄인 거예요.

　주식은 주식회사(80쪽 참고)의 자본을 균등하게 나눈 단위입니다. 동시에 그 자본을 댄 개인이나 법인, 즉 주식을 가진 주주에게 주어지는 지분입니다. 쉽게 말해 100주를 발행한 주식회사의 주식 1주를 산다면 그 회사의 100분의 1만큼을 소유하는 거예요.

주식이 거래되는 시장을 증권거래소라고 해요. 주가는 시시각각으로 변합니다. 매출, 신제품 출시, 경쟁업체의 움직임, 물가와 금리, 국제 정세… 기업과 시장에 관한 온갖 정보가 끊임없이 주가에 영향을 미치기 때문이에요. 심할 땐 하루에도 10퍼센트 이상씩 오르내리기도 하죠.

주식시장의 변동을 종합적으로 나타내는 지표를 '주가지수'라고 해요. 나라마다 자국의 주식시장 흐름을 대표하는 주가지수가 있습니다. 한국의 코스피(KOSPI) 지수, 독일의 닥스(DAX) 지수, 미국의 스탠다드앤푸어스 500(S&P 500) 지수 등이죠.

최초의 주식 매매는 약 500년 전 벨기에 브뤼헤에서 이뤄졌다고 해요. 반 데르 뷔르세(Van der Buerse)라는 사람의 저택에서 거래가 성사됐는데, 증권거래소를 의미하는 단어 '보어스(bourse)'가 여기서 유래했다고 합니다.

1980~1990년대까지만 해도 주식 거래를 하려면 증권사 창구를 통해 주문을 넣어야 했어요. 증권거래소에 나와 있는 증권사 직원이나 증권 중개인이 그 주문들을 받아 거래했죠. 주가가 시시각각 오르내리기 때문에 늘 전화기를 붙잡고 있었고, 자신들만의 수신호와 약어로 정신없이 소통해야 했습니다. 컴퓨터와 스마트폰을 이용해 손쉽게 주식을 거래하는 요즘 사람들에겐 낯설면서도 신기한 풍경이죠. 오늘날 증권거래소에서는 주식뿐만 아니라 채권, 유로화·달러화 등의 외화상품, 석유·금속·돼지고기 같은 원자재, 비트코인 등의 가상자산과 탄소배출권까지 거래되고 있습니다.

이걸 증명하는 문서를 주권(유가증권)이라고 합니다. 따라서 주식을 거래한다는 건 주권을 사고판다는 것과 같은 뜻이에요.

주식의 큰 장점은 쉽게 사고팔 수 있다는 거예요. 여러분이 피렌체 상인의 옷감 사업에 동참하려고 하면 준비할 게 많습니다. 25퍼센트의 지분을 가지려면 얼마를 지불해야 할까요? 너무 비싼 값을 치르지 않으려면 그 사업에 대해 잘 알아야 해요. 하지만 어떻게? 전년도 수익은 재무상태표를 통해 확인할 수 있어요(97쪽 참고). 그렇다면 올해 수익은? 내년은요? 경쟁업체는 없을까요? 주식시장에선 이런 정보들이 공개·평가되어 주가, 즉 주식의 가격으로 드러납니다.

주식으로 수익을 거두는 방법은 두 가지입니다. 첫 번째는 주가가 오르는 거예요. 예를 들어 여러분이 10만 원으로 주당 1만 원짜리 주식 10주를 삽니다. 그런데 이듬해 주가가 1만1000원으로 올라서 보유한 주식을 모두 팔아요. 그러면 여러분은 10퍼센트, 1만 원의 수익을 거둔 거예요. 이걸 시세 차익이라고 합니다.

두 번째는 이익배당이에요. 피렌체의 옷감 회사가 세 명의 동업자에게 수익을 나누었듯, 주식회사는 이익의 일부를 주주들에게 정기적으로 분배합니다. 가령 1000주를 발행한 기업의 주식 중 1주를 가지고 있다면 이익배당금의 1000분의 1을 받는 거예요. 시세 차익과 배당금을 통해 주식 수익률을 구할 수 있어요. 가령 1년간 10만 원을 투자해 1만 원의 시세차익을 얻고 2000원의 배당금을 받았다면 연간 수익률은 12퍼센트가 됩니다. 대단한 결과죠. 일반적으로 정기예금이나 채권으로는 이런 수익을 기대하기 힘들어요. 이것이 많은 사람들이 주식에 투자하는 이유입니다.

엠마는 할머니 할아버지에게서 받은 돈의 절반인 5000유로(750만 원)를 주식에 투자하기로 했습니다. 주당 50유로인 제약회사의 주식 100주를 사려고 해요. 이 회사의 주식은 꾸준히 오르고 있고, 엠마는 이익배당금을 합해 연간 7퍼센트 정도의 수익률을 기대하고 있어요.

그런데 엠마는 왜 받은 돈을 전부 주식에 투자하지 않을까요? 간단해요. 주가는 언제든 하락할 수 있으니까요. 당장 내일이라도 이 회사의 주가가 45유로로 떨어지면 엠마는 500유로를 손해 보는 거예요. 상상하기 싫겠지만 최악의 경우엔 기업이 망할 수도 있죠. 그럼 엠마의 주식은 말 그대로 휴지 조각이 될 거예요.

국채나 예·적금은 만기가 되면 맡긴 돈을 전부 돌려받아요. 이자까지 붙여서요. 물가상승으로 실질 수익이 그에 못 미칠 수는 있겠지만요. 반면 주식은 훨씬 많은 수익을 기대할 수 있지만 거꾸로 손해를 볼 가능성도 큽니다. 그래서 국채나 예금 상품을 '안전 자산', 주식을 '위험 자산'이라고 부르기도 해요.

증권거래소는 도박장일까요?

수익의 크기와 위험의 크기는 비례해요. 따라서 안전을 중시하는 사람들은 주식 투자를 꺼립니다. '패가망신의 지름길'이라며 비판하는 목소리도 크죠. 그런데 증권거래소가 정말 도박장일까요? 주가의 흐름은 순전히 운에 달린 걸까요? 자세히 들여다보면 그렇지 않아요. 어떤 기업의 주가가 오르내리는 데는 크게 두 가지 이유가 있어요.

첫째는 기업의 실적이에요. 기업의 매출과 이익이 오를수록 주가도 함께 오르는 경향을 띱니다, 당연한 이치예요. 경기가 호황이고 기업도 돈을 잘 버는데 주가가 급락할 이유가 없죠.

둘째는 경쟁하는 투자 상품과의 관계입니다. 만약 5퍼센트가량을 이자율을 보장하는 예·적금 상품이 있다면 엠마는 7퍼센트의 수익을 위해 위험을 감수하지 않을 거예요. 실제로 금리가 높은 시기일수록 주식보다 예·적금의 인기가 올라가는 경향이 있습니다. 세계금융위기에서 벗어난 2010년대, 세계 각국은 경기 활성화를 위해 기준금리를 0퍼센트대로 낮추는 이른바 '제로 금리' 정책을 시행했어요. 이에 따라 예·적금 이자율도 크게 떨어졌고, 자연스럽게 주식시장에 돈이 몰렸죠. 이 시기 독일 주가지수는 6000포인트에서 1만3000포인트로, 한국의 주가지수는 1500포인트에서 2800포인트로 성장했어요. 이건 두 나라에서 거래되는 주식의 총 가치(시가총액)가 그만큼 올라갔다는 뜻이에요.

물론 매번 그런 수익률을 기대할 순 없겠죠. 그런데 한 연구에 따르면 독일과 미국 등 선진국의 주식시장은 지난 150년간 연평균 7퍼센트의 수익률을 기록했어요. 이건 앞서 엠마가 주식 투자를 시작하면서 기대한 수익률과 같아요. 같은 기간 예·적금 상품의 연평균 수익률은 2퍼센트대에 머물러요. 이런 통계는 적어도 장기적 관점에서 주식시장이 도박장이라는 비판이 틀렸음을 보여줍니다.

투자의 원칙 I: 위험을 나누기

누구도 평생 일할 수는 없어요. 저도 여러분도 언젠가는 은퇴할 테고, 이렇다 할 소득이 없는 노후를 맞이하겠죠. 그때를 대비해 저축도 하고 연금도 꼬박꼬박 붓겠지만, 생활이 넉넉할 거라고 장담

할 순 없어요. 이것이 우리가 투자를 공부하는 이유입니다. 당장 큰돈을 노리는 사람도 있겠죠. 하지만 대다수 평범한 사람들의 투자 목적은 경제적으로 쪼들리지 않는 안전한 노후에 있어요.

그럴수록 손실의 위험에 대비해야 합니다. 위험에 대비한다는 건 위험을 나눈다는 뜻이기도 해요. 피렌체 옷감 상인들이 올리브 농장에 나누어 투자함으로써 어려운 시기를 버텨낸 것처럼 말이죠. 여윳돈의 절반을 주식에 투자한 엠마라면 나머지는 안전한 예·적금에 넣어두거나 국채를 사도 좋겠죠. 이걸 **분산 투자**라고 해요. 독일에선 안전한 상품에 투자한 사람을 가리켜 '마음 편히 잔다'고 해요. 주식을 사는 사람에겐 큰 수익을 기대할 수 있으니 '좋은 걸 먹는다'는 표현을 씁니다. 잠도 잘 자고 좋은 음식도 먹고 싶다면? 맞아요. 분산 투자를 해야 합니다.

엠마는 투자의 원칙을 정했어요. 첫째, 예·적금의 일부는 항상 꺼내 쓸 수 있어야 해요. 비상금이죠. 당장 세탁기가 고장 나면 고치거나 새로 사는 데 돈이 필요하니까요. 엠마는 1만 유로 가운데 2000유로(300만 원)를 보통예금 계좌에 넣어둘 생각이에요. 직장 생활을 하는 사람은 최소한 월급의 3개월치 여윳돈을 준비해둬야 한다고도 해요.

둘째, 3000유로(450만 원)로는 정기예금에 들거나 국채를 구입할 거예요. 가급적 만기가 긴 상품으로 말이죠. 할머니와 할아버지가 주신 소중한 돈이니만큼 절반가량은 안전하면서도 나쁘지 않은 수익률을 가진 상품에 투자해야 한다는 생각이에요.

나머지 5000유로는 앞서 결심했듯 제약사의 주식에 투자할 거예요. 엠마는 의학을 공부하면서 난치병을 치료하는 신약의 가치를 배웠어요. 특히 친구를 괴롭혔던 암세포의 크기를 극적으로 줄이는 약품을 개발한 한 제약사에 주목하고 있어요. 한동안 주가가 오르내리겠지만, 이 기업이 이뤄온 성과를 믿는 엠마는 주식을 팔지 않고 장기간 보유할 생각이에요.

이렇듯 주식은 여윳돈으로, 기업이 성과를 올릴 때까지 지켜볼 수 있는 상황에서 투자하는 게 좋아요. 엠마처럼 말이죠. 물론 타이밍도 중요합니다. 가령 경제가 심각한 불황에 접어든다거나, 러시아-우크라이나 전쟁처럼 주변국에서 분쟁이 일어났다면 섣불리 투자하지 않는 게 좋습니다. 어떻든 주식 투자는 손실의 위험을 감수해야 하는 일이에요. 그러니 명심하세요. 투자를 시작했다면 위험을 냉정히 평가하고, 그 위험을 낮게 관리하는 게 무엇보다 중요해요.

투자의 원칙 II : 정보가 부족하다면
장기적으로 안전한 상품에

한 회사의 주식에 투자금 전부를 걸어선 안 돼요. 힘들게 모은 돈이 일순간에 줄어드는 걸 경험하고 싶지 않다면요. 주식시장 안에서도 분산 투자를 해야 합니다. 예를 들면 각기 다른 회사 5개의 주식을 사는 거예요. 가능하다면 업종도, 국적도 다양한 게 좋습니다. 자동차 산업의 실적이 좋지 않아도 화학 분야에선 이익을 낼수 있어요. 미국의 스탠다드앤푸어스 500 지수가 하락해도 한국의 코스피 지수는 상승할 수 있어요.

어떤 주식을 살지 모르겠다면 주식형 펀드로 시작해보는 것도 좋습니다. 주식형 펀드는 은행·증권사 등이 다수 고객의 돈을 받아 여러 기업의 주식에 나누어 투자하는 상품이에요. 개별 기업·업종·국가에 대한 정보가 부족한 개인을 대리해 한결 안전한 투자가 가능하죠. 물론 그 대가로 상당한 수수료가 붙습니다. 이 수수료는 투자에 실패해 손실을 보더라도 내야 해요. 투자자 입장에선 상당한 부담이 되겠죠.

이와 비슷하게 개인의 접근성을 낮춰주면서도 수수료가 훨씬 적은 투자 상품도 있어요. 상장지수펀드(ETF)가 대표적입니다. 명칭에서 알 수 있듯 개별 기업이 아니라 상장된 기업들의 주가지수, 예컨대 한국 코스피 지수나 독일 닥스 지수의 흐름을 따라 움직이는 상품이에요. 해당 주식시장이나 특정 업종을 대표하는 기업들을 따로 모아 상품을 구성하기도 해요. 선진국의 주식시장이 150년간 연평균 7퍼센트의 수익을 거뒀다는 데서 알 수 있듯, 개별 기업이나 업종이 부침을 겪어도 전체 주가지수는 장기적으로 꾸준히 오르는 경향을 보이죠. 그래서 상장지수펀드를 보유하면 위험을 분산하면서도 안정된 수익을 기대할 수 있습니다.

레온의 투자 자금은 엠마보다 소액이에요. 한 달에 300유로(45만 원)가 남는데 대부분은 안전하게 지키고 싶어요. 그래서 정기적금 계좌를 만들어 매달 200유로씩 넣으려고 해요. 나머지 100유로는 닥스 상장지수펀드(Dax ETF)에 넣을 거예요. 독일 주식시장 상위 40개 기업의 주가지수를 따라가는 상품에 매달 100유로를 투자하는 거죠. 레온은 이 상품을 5년 뒤에 팔 생각이에요.

주식 투자에서 고려해야 할 것들은 이 밖에도 많겠지만, 최소한 지금껏 강조한 것들은 명심하길 바랍니다. 소중한 돈을 허무하게 잃지 않기 위해서 말이죠.

부동산: 집과 상가에 투자하기

여러분에겐 아직 먼 이야기지만 어른들은 주택이나 건물 같은 부동산에 투자하는 경우도 많습니다. 아파트나 상가를 구입한 후 세를 주면 임대 수익을 거둘 수 있어요. 또 집값이나 건물 가격이 오르면 팔 때 그만큼 차익을 얻어요.

부동산 투자에는 대개 큰돈이 들어갑니다. 독일의 주요 도시에서는 소형 아파트도 수십만 유로에 팔려요. 아파트를 사려면 대부분 대출이 필요하죠. 한국의 상황도 비슷해요. 두 나라의 아파트와 주택 가격은 몇 년 새 눈에 띄게 올랐고, 그때마다 투자 열풍이 불어서 정부에서 규제책을 내놓기도 합니다.

물론 모든 부동산 가격이 오르진 않아요. 주택이나 아파트라면 주변에 학교가 많고 교통이 편리한 곳, 상가라면 유동인구가 많은 상업 지구가 가격이 올라갈 가능성이 큽니다. 반면 도시의 변두리나 한적한 지방의 부동산 가격은 몇 년이 지나도 제자리걸음인 경우가 흔해요.

집을 사서 직접 거주하는 것도 투자로 볼 수 있습니다. 보증금과 다달이 나가는 집세를 아낄 수 있고, 이사를 가야 하는 번거로움도 없다는 것도 매력이죠. 특히 은퇴해서 소득이 부족한 사람이라면 집세를 낼 필요 없는 보금자리의 존재는 정말 든든할 거예요.

집을 짓기 위해 은행에서 큰돈을 빌린 메메트의 부모님은 10년간 매달 3000유로(450만 원)에 가까운 돈을 은행에 갚아야 합니다. 부모님은 돈을 잘 벌어야 해요. 두 사람의 소득으로 대출금은 물론 가족 전부의 생활비까지 충당해야 하니까요. 그나마 메메트의 부모님은 운이 좋은 편이에요. 상대적으로 금리가 저렴한 시기에 대출을 받아서 이자 부담이 적은 편이거든요.

무엇보다 메메트네 가족은 몇 년마다 집세가 오를 걱정이나 이삿짐을 꾸려야 하는 스트레스에서 해방된 것만으로도 큰 행복을 얻었어요. 10년 뒤에 집값이 어떻게 될지는 모르지만 이만하면 성공한 투자가 아닐까요?

태양광, 삼겹살, 비트코인

한편으로 엠마는 이런 생각을 해요. 지구 환경에 도움이 되는 투자는 없을까? 기후변화를 막는 투자는? 실제로 최근 들어 '지속가능한 투자'가 주목받고 있어요. 예컨대 직원 복지에 정성을 쏟거나 환경보호에 도움이 되는 행보를 보인 기업의 주식에 투자하는 거죠. 독일인들은 지속가능한 금융 상품에 2000억 유로(300조 원) 이상을 투자하고 있어요. 독일 최대 기업인 폭스바겐의 1년 매출을 훌쩍 뛰어넘는 금액이죠.

그러나 무엇이 지속가능한지를 판단하는 일이 쉽지는 않아요. 기업은 '친환경' 또는 '지속가능성'을 강조하는 광고를 내보내지만 실제로도 그런지는 알 수 없으니까요. 다행히 참고할 만한 기준이 있어요. 1997년에 생긴 자연주가지수(NAI)예요. 이 지수에 포함된 기업들은 태양광 등의 재생에너지나 전기차를 생산하고 재활용 제품을 만들어요. 독일의 투자사 외코월드(OeKOWORLD)는 1975년부터 지속가능한 투자 상품을 펀드로 구성해 판매하고 있어요. 미국의 다우존스 지속가능성지수도 비슷한 역할을 하고, 이 지수를 추종하는 투자 상품이 존재하지만 그 선정 기준에 논란이 있는 편이에요.

세상엔 이 밖에도 수없이 많은 투자 상품이 존재해요. 선물 거래는 주식이나 외화, 또는 미래의 원자재나 상품의 가격을 예측해 거래하는 방식이에요. 예컨대 석유(지속가능하지 않아요)나 삼겹살(역시 지속가능하지 않아요) 가격을 예측해 미래의 특정 시점에 특정 가격으로 사고팔 것을 약속하는 거죠. 아직 존재하거나 도래하지 않은, 즉 미래의 상품을 거래하는 것이기에 내가 가진 투자금보다 큰 규모의 거래가 가능해요. 이 때문에 고수익을 올릴 수도 있지만 그만큼 손실 위험도 아주 큽니다. 평범한 투자자는, 즉 이런 일에 종사하는 전문가가 아니라면 손대지 않는 게 좋아요. 저나 여러분을 포함해서요.

암호화폐 또는 가상자산도 떠오르는 투자 상품이에요 미국의 달러화, 유럽연합의 유로화, 한국의 원화처럼 세계 각국은 저마다의 통화, 즉 법정화폐를 발행해요. 반면 비트코인 등의 암호화폐는 발행을 책임지는 국가가 없습니다. 법정화폐는 해당 국가의 정치·경제적 상황에 따라 그 가치가 변하고 때로는 중앙은행에 의해 조정되기도 합니다. 반면 암호화폐는 그런 영향력에서 자유롭습니다. 이른바 '탈중앙화'라는 가치를 내세우며 전 세계인 누구나 사용할 수 있는 보편적이고 안전한 자산을 추구하죠. 실제로 2010년대 이후 암호화폐 시장은 크게 성장했고, 각국 정부도 이를 자산의 하나로 인정하기 시작했습니다.

그러나 암호화폐가 애초 목표대로 보편적이고 안전한 자산인지에 대해선 의문이 많아요. 무엇보다 암호화폐가 내세운 탈중앙화, 즉 달러화나 유로화처럼 가치를 보증할 주체가 없다는 것이 딜레마로 작용하고 있어요. 유로화나 원화는 가치가 급변하는 일이 드물어요. 유럽중앙은행이나 한국은행이 적절히 개입하기 때문이죠. 하지만 그런 장치가 없는 암호화폐는 하루에도 수십 퍼센트씩 오르내릴 정도로 가치가 불안정합니다. 그 이름처럼 제대로 된 화폐 역할을 하기까지는 갈 길이 먼 셈이죠. 암호화폐 투자가 유행한다지만 이런 위험에 대해 객관적으로 검토하고 대비하는 사람은 극소수예요. 그저 내가 산 암호화폐의 가격이 오를 거라는 믿음으로 투자에 나서고 있는 거죠.

경제의 세계엔 많은 것들이 이와 같습니다. 사람들의 심리도 경제를 구성하는 중요한 요소예요. 그러나 잊지 마세요. 우리들의 세계를 움직이고 결정하는 건 결국 숫자와 사실들이에요.

함께 보면 좋은
소설들

이 책을 통해 경제에 흥미가 생겼다면 다음과 같은 소설을 읽어 보는 것도 좋아요. 경제 문제를 바라보는 안목이 한층 더 트일 거예요. 에밀 졸라의 《돈》(문학동네, 2017)은 주식시장의 탐욕에 관한 이야기예요. 마야 룬데의 《벌들의 역사》(현대문학, 2016)는 꿀벌이 사라지면서 인간 세상에 벌어진 재앙을 통해 기후변화가 가져올 미래를 경고합니다. 필립 로스의 《미국의 목가》(문학동네, 2014)는 1960년대 미국의 성공한 기업가였던 아버지의 자본주의적 삶에 대한 딸의 반항을 그리고 있습니다.

인용 자료 출처

1   〈2019 보통 사람 금융보고서〉, 신한은행, 2019년 4월.; 〈고등학생 한 달 평균 용돈 6만 원·중학생 3만 원〉, 《연합뉴스》, 2020년 7월 14일.; 〈아이들 월 평균 용돈은 얼마? 고교생 6만4000원, 중학생 4만 원대〉, 《세계일보》, 2022년 1월 26일.

2   〈한국 '백만장자' 125만4000명…전 세계의 2% 수준〉, 《연합뉴스》, 2023년 8월 16일.

3   〈남성 의사 2억4825만 원, 여성 의사 1억7287만 원…동일 직종 성별 임금격차 뚜렷〉, 《경향신문》, 2022년 7월 7일.

4   〈[데이터로 읽는 유리천장] OECD 중 한국 성별임금격차 최고, 여성 국회의원은 19%〉, 《더나은미래》, 2024년 3월 8일.

5   〈"수고하셨습니다, 그동안" 로봇이 등 떠민다〉, 《조선일보》, 2023년 2월 24일.

6   〈독, 경영진 연봉 증가…근로자 10배〉, 《KBS뉴스》, 2012년 12월 7일.

7   〈대·중소 임금 차 여전히 2배…직장소득 양극화 해소 시급〉, 《연합뉴스》, 2024년 2월 27일.

8   〈바다 온도 1도 상승에 핵폭탄 2800만 개 에너지 필요〉, 《경향신문》, 2010년 8월 24일.

9   〈'짝퉁' 한국 제품 11조 원 규모…매출액 손실만 7조 원〉, 《서울신문》, 2024년 7월 4일.

10   〈유럽연합, 지식재산 범죄 '심각'… 'IP 범죄의 생태계 파악' 보고서 발표〉, 《특허뉴스》, 2024년 11월 10일.

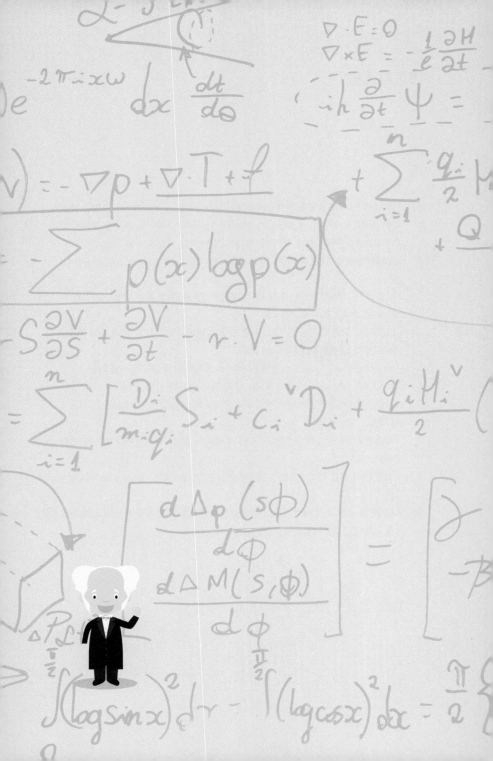